数字化转型人才战略丛书

无代码编程

用云表搭建企业数字化管理平台

张学军 主 编

马六九 马迎财 郑应春 马 兰 副主编

电子工业出版社
Publishing House of Electronics Industry
北京 · BEIJING

内 容 简 介

本书由 11 位云表平台的资深开发者共同编写而成，内容涵盖云表平台的安装、部署，以及云表平台的三大利器：填表公式、业务公式和数据接口。本书从信息系统的最基本单元——数据入手，以进销存系统为例，手把手介绍一个系统如何从平台上生长出来；在交付使用后，又如何做适应性修正，以符合企业业务发展的需要。这本书开创了从操作层面介绍纯中文编程的先河，对于稍有 Office 基础的小白来说，就是从入门到精通的教科书；对于已经有软件开发经验的开发者来说，可以更加系统性地了解无代码编程的体系化过程。

本书适合企业管理人员阅读与实践，也是高等院校、职业院校进行普及型社会技能培训的教材。

图书在版编目（CIP）数据

无代码编程：用云表搭建企业数字化管理平台/张学军主编. —北京：电子工业出版社，2022.4
（数字化转型人才战略丛书）
ISBN 978-7-121-43115-9

Ⅰ. ①无…　Ⅱ. ①张…　Ⅲ. ①数字技术－应用－企业管理－研究　Ⅳ. ①F272.7

中国版本图书馆 CIP 数据核字（2022）第 043729 号

责任编辑：缪晓红　　　特约编辑：刘广钦
印　　刷：北京天宇星印刷厂
装　　订：北京天宇星印刷厂
出版发行：电子工业出版社
　　　　　北京市海淀区万寿路 173 信箱　　邮编：100036
开　　本：720×1000　1/16　印张：13.75　字数：253 千字
版　　次：2022 年 4 月第 1 版
印　　次：2024 年 6 月第 3 次印刷
定　　价：80.00 元

凡所购买电子工业出版社图书有缺损问题，请向购买书店调换。若书店售缺，请与本社发行部联系，联系及邮购电话：（010）88254888，88258888。
质量投诉请发邮件至 zlts@phei.com.cn，盗版侵权举报请发邮件至 dbqq@phei.com.cn。
本书咨询联系方式：（010）88254760，mxh@phei.com.cn。

主编：张学军（德州学院计算机与信息学院）

编委：马六九（玉溪市江川区人民医院）

马迎财（华夏人寿保险股份有限公司内蒙古分公司）

郑应春（珠海麦拓供应链服务有限公司）

马　兰（天津润祥机电科技股份有限公司）

易群利（四川迪瑞机电设备有限公司）

窦梦觉（鞍山安软企业管理应用咨询有限公司）

彭海于（重庆建工第三建设有限责任公司）

肖永红（云表平台资深开发者）

时　伟（云表平台资深开发者）

罗小琴（云表平台资深开发者）

策划：李作胜（珠海乐图软件有限公司）

王志兵（江苏云表软件科技有限公司）

王甲佳（场景学社）

推荐序

用云表，绽放我们的管理才华

张 军

学军老师将书稿发来后，我认真阅读，颇有感慨。云表平台第一次如此系统、全面且深入地被编写出来，作为云表的创始人，我内心非常激动。这应该是我们这个领域少有的全部由用户撰写的图书，这些作者从未谋面，但一起协同写作，在理解与衔接上严谨而细致，让我非常感动。相互懂的人，终究会走到一起。这也让我深深地感到最初创建云表平台是正确的，也是非常幸运的。幸运的是在中国社会经济蓬勃发展的今天，云表平台可以为各行各业提供完全自主可控的系统建设服务。

我与云表的缘起，来自"感同身受"的亲身体验

许多人会问我，"当初为什么要做这个平台？"掩卷而思，不由得让我想起十多年前在项目现场的情形。那时候，我负责一处公路收费站项目的系统开发工作，

每天和公路收费员们一起，在"烈日与暴雨下"的简陋工作亭里，抱着发烫的笔记本电脑写代码，随着大卡车一阵阵刺耳的刹车声，热浪与尘土扑面而来。当时我想，程序员的工作价值就是让收费员这样的基层工作者可以非常体面地工作，降低劳动强度，提高工作效率。这就是程序员和软件公司的基本价值。同时我也想，我们这些"码农"又如何更加体面地工作呢？

熟悉程序员工作的人都知道，虽然有时候，我们把敲一行行代码视同非常神圣的创作，但在基本的开发框架下，代码编写大部分都是重复性的工作。枯燥烦琐，日复一日，程序员又该如何被"解救"？

最近几年，随着市场需求节拍的加快和社会经济的旺盛发展，很多企业的一线用户自主定制应用软件的需求高涨。这就带来一个需要将简便的、无代码的开发技术进一步普及的迫切诉求。

也恰是这样的初心，我们与近百万名云表平台开发者共同成长，打造出了坚韧的无代码开发平台。

我们见到，这个平台不仅帮助 3000 亿元规模的石化企业打造了工业互联网平台，服务了十几万个市场主体；还帮助近千亿元规模的央企物资贸易公司搭建了覆盖全局的核心业务系统。

我们见到，更多的中小企业老板亲自上手，"所建即所欲""所见即所得"，将自己的管理思想落实到管理软件中，并且在云表敏捷的热部署之下，迅速调整业务策略。企业用最低的成本进行试错，并在进一步消化吸收后成为整体系统的一部分，极大地支持了企业的可持续发展。

我们见到，有一些，多是具体的业务部门负责人，他们自己掏钱来搭建系统，优化业务流程，沉淀业务创新成果。这样的案例覆盖了许多行业的微观业务。

我们还见到，一些开发者，在自己的业务用上云表尝到甜头之后，积极地商品化，服务更多的企业和组织。

企业信息化自主可控的窘境与解法

前几年，我看过一篇帖子，讨论的是企业该不该自主地进行信息化建设？如果应该，是应该购买标准化的软件，还是应该自主开发？我当时留言说："双方都对，也都不对。这个问题不能用非黑即白的二元对立观点来看待。"

现在回想起来，我觉得自己的表达还不够准确。

在信息化时代，标准软件之所以大行其道，关键是人在与软件的对接过程中起到了巨大的缓冲作用。软件本质是刚性的，而人是柔性的，在业务的灵活多变和软件的刚性之间，人对系统的输入/输出端进行一些兼容性的处理，才使得刚性的管理软件能够在企业中应用开来。

但到了数字化时代，数据的录入、输入和输出都将陆续采用自动化的方式来完成，比如物联网的方式、埋点监测的方式。数字化的本意就是要让信息的采集变得自动化，减少人工的干预，在这样的场景下需要的是柔性的系统、柔性的缓冲区，所以，在信息化时代盛行的刚性管理系统，就难以适应柔性的业务变化需求了，这时需要软件来适应业务，而不应是业务或者人来适应软件。

所以，在信息化时代，标准软件还有它适应的场景，而在数字化时代，自主开发成为企业必然的选择，而且是唯一的选择。

这时候企业应该怎么办呢？

不可能让企业去学习复杂艰深的 IT 技术，那么最终的解决方案就是由专业的 IT 公司提供简易、灵活、好用的平台型工具。企业使用这类平台型工具建立自身灵活多变、柔性的业务系统，这样也就充分实现了业务分工。

如此，IT 公司将不再处理企业具体的业务逻辑，而是更加专注于底层架构平台的构建，屏蔽底层的若干技术后，呈现给企业客户的是面向业务的平台工具；而企业拥有了更大的自主可控的权力，同时，不用去担心无法驾驭复杂的底层技术。这是我对未来大趋势的一个基本判断，也是创建云表的初衷。

用云表，绽放我们的管理才华

前面谈到信息化时代，在现实客观业务与刚性的信息化系统之间，有一层柔性的"人肉系统"作为缓冲区。"人肉系统"的优点是起到了缓冲作用，适应性、包容性强，但缺点也非常明显，就是会导致信息失真。数字化时代，为了实现数字孪生，保证信息不失真，去掉了"人肉系统"，改为数据采集自动化。

在这样的大势之下，我们发现，低代码/无代码平台应运而生。越来越多的企事业管理人员开始了解这项最新技术。许多城市的云表开发者也积极组织起来，相互交流。例如，珠海云表会在麦拓供应链总经理郑应春的组织下，每周都召开线上研讨会，切实帮助到了大家。

正如云表的宣传口号"用云表，绽放我们的管理才华"所昭示的，云表平台的价值并不仅是帮助程序员减轻工作负担，更是为千千万万的非 IT 人员赋能，掌握重新定义自己业务的利器，持续升级业务价值链，增强行业竞争力。

可以想象，越来越多的企业和个人通过云表平台实现自己的管理逻辑、实践自己的管理思想，本土的企业管理也一定会迎来一个真正意义上百花齐放的局面。

当前，社会各界几乎言必谈"数字化转型"，甚至已经诞生了"数转"这样一个专门的缩略语。数字化转型，意味着企业的业务有越来越高的比例运营在数字世界里，这是一个巨大的市场。无代码平台作为企业数字化转型的重要创新载体，其地位无可替代。许多企业已经在自发组织无代码编程的学习了，也说明了这一点。每每想到这些，我的内心就非常振奋，使命感也更加强烈。时不我待，云表平台还将加大研发投入，不管是在企业管理软件领域，还是在产业互联网、工业互联网的协同领域，都将寻求新的突破。

我们清楚，在无代码的后面，是一个更加灿烂的世界。下一个十年，更多的云表开发者一定会大量涌现，在新的时代实现共赢。

我谨代表云表平台研发团队感谢本书编委会，感谢他们为方便更多云表开发者的精心付出。也借此期待云表开发者们产生更多的分享。

用云表，绽放我们的管理才华！

张军
珠海乐图软件有限公司创始人兼 CEO
2022 年 1 月于珠海

目　　录

第1章
软件生产方式的变迁

随着计算机与网络技术的飞速发展和普及，社会已经跨入数字时代。数据等信息的获取、处理和交流，早已离不开软件产品。

计算机软件对普通人来讲，是既亲近又陌生的存在。亲近的是我们天天都在与软件打交道，职场里的 Office 系列，企业里的 ERP、CRM，平日上网与打游戏，以及天天面对的 Windows 7、Windows 10 等；陌生的是大量的人还不知道软件是如何生产出来的。在很多人的思维里，软件开发能力不是普通人拥有的技能，而是专业人士干的活。

可是，世界一直在变。过去许多遥不可及的事情，如今都变得有可能了。阅读完本书，估计你就会产生自编软件的冲动。

下面简单回顾一下软件及其开发模式的发展轨迹。

1

1.1

软件开发让人爱恨交加

第一台计算机诞生的同时，软件的发展也开始了。到目前为止，软件已经经历了程序设计阶段（20 世纪 50 年代初期至 60 年代中期，软件的生产主要是个体手工劳动的生产方式）、程序系统阶段（20 世纪 60 年代中期到 70 年代末期，作坊式生产方式）、软件工程阶段（始于 20 世纪 70 年代中期，以软件的产品化、系列化、工程化、标准化为特征）。

最近 20 多年，随着互联网、物联网的蓬勃兴起，计算机软件的发展十分惊人。①在体系结构方面，计算机软件经历了从主机结构到文件服务器结构、从客户机/服务器（C/S）结构到基于 Internet 的浏览器/服务器（B/S）结构等变化。②在编码语言方面，计算机软件经历了从机器代码到汇编代码、从高级程序语言到人工智能语言等变化。③在开发工具方面，计算机软件经历了从分离的开发工具到集成的可视化开发系统、从简单的命令行调试器到方便的多功能调试器等变化。

软件给人类带来了极大的便利，软件开发模式也在不断创新，同时，人们在软件开发和维护过程中，也遇到了一系列严重问题，例如，怎样满足对软件的日益增长的需求、如何维护数量不断膨胀的已有软件等。软件开发计划不能按时进行、开发成本失去控制、软件质量得不到保证、交付的软件产品不符合用户的实际需要、软件的可维护性和迭代性差等问题，使人们常常感叹软件危机从来没有走远。

造成以上状况的原因有很多，但软件开发者和使用者不是同一个人，开发人员不使用，而使用者又不会开发，也是无法忽略的原因之一。

软件使用者由于没有软件工程学概念或系统工程思想，往往就事论事，缺乏总体考虑。另外，因企业信息化程度和计算机应用水平低，也会导致使用者无法准确描述需求；因此，与开发人员沟通时，经常类似于鸡同鸭讲，软件使用者对业务描述得支离破碎，软件开发者对业务逻辑的理解与实际也不是很吻合。这往往成为很多商业化管理软件不好用的重要根源。

软件终究是一种工具，尤其是各类管理软件，如进销存管理、客户管理、人事管理等软件，其本质就是帮助人完成某项工作的工具。现在人们普遍认为优秀的软件除了功能正确、性能优良，还应该容易看懂、容易使用、容易修改和扩充。能做到这一点的最佳人选，显然不是专业开发团队，而是千千万万奋战在一线的管理人员。他们精业务、懂管理，如果还能自己编写管理软件，则管理才华无疑会得到更大的绽放。

那么，问题来了，管理软件用什么来编写呢？是不是一定要学习 C 语言、Java或简单易学、近几年火爆得一塌糊涂的 Python？

只要是代码编程，其学习难度都足以令大部分人望而却步，或者最终虎头蛇尾。一门语言的掌握，从来都不是很容易的。

好在我们现在已经处于 21 世纪，科技的进步、方法的创新，令一切皆有可能。不学编码，同样可以快速开发出管理软件。

1.2
普通人 DIY 编程时代正在到来

一个电动车维修门店的小老板，为了更好地服务自己的老客户，拒绝支付高昂的软件定制费，从零开始学习编程，边学边做，短短几个月的时间，他做出了高度自定义的客户数据管理系统。人性化的操作，友好的界面，流畅的操作体验，让人惊叹这竟然是一个毫无编程经验的普通人的作品。

一个年轻的小伙子，其女朋友辛辛苦苦地开了一家宠物店。他们在市面上找不到合适的管理软件，为了让女友在烦琐的日常工作中更轻松一些，小伙暗暗地自学编程，在女友生日那天，亮出了为她量身打造的宠物店管理系统，令女友惊喜万分，这是她收到的最急需、最意外、最见情谊、最特别的生日礼物。

浙江义乌卫睬供应链有限公司，近几年因电商兴起，贸易模式发生变革，企业的利润逐渐下滑，人工成本逐年上升，为提高效率，公司曾尝试使用多家国内知名的财务软件和 ERP 软件，但使用后不光没有降低运营成本，反而增加了员工的负担。经理李杰自学编程，仅仅一个月就做出了适合企业的全方位管理系统，包括业务订单的处理系统、仓储系统、结算系统、财务系统、工资系统、产品销售数据分析系统等，令公司人力成本大幅节省，工作效率大幅提升。

……

普通人稍加学习，就可以短时间内编出高质量的管理软件，这是怎么做到的呢？估计你已经猜到了，一定有一种编程工具，它易学、高效、功能强大。

这就是最近几年方兴未艾的无（低）代码编程平台。

不需要编码（低代码）就可以快速生成应用程序的开发平台，其强大之处是让终端用户借助易于理解的可视化工具，构建业务流程、逻辑和数据模型，开发自己的应用程序，从而摒弃了传统的一般人视为天书的编写代码方式。这使更多的人可以参与到应用程序开发当中，即使没有专业编程技术背景的普通业务人员也可以根据实际工作需要，构建各种应用系统。

这种开发模式的优点是显而易见的。

上手快：用户学习门槛和学习成本极大地降低，普通用户不需要经过艰难的学习，就可以做到以前程序员才能实现的事情。无代码开发平台，大大降低了编程的学习难度，令完全不懂编程语言的业务人员，都可以快速进行学习和应用开发。

开发快：无代码开发平台，极大程度上改变了传统软件的开发方式，普通人可以在短时间内开发出各类应用程序。这个过程，不需要了解软件背后程序是怎么编写和运行的，开发效率得以大幅提升。目前普遍的观点认为，低代码能够提升 30%以上的开发效率，而无代码则能够提升开发效率 5～10 倍。

成本低：无代码开发工具，极大地缩短了软件的开发时间，同时也降低了对开发人员的专业要求，企业可以大幅节省聘用专业开发人员的高昂费用，以及后期维护和升级费用。

效率高：企业开发成本的减少和开发效率的大幅提高，让更多懂需求的业务人员也能参与到应用系统的搭建过程中。如此，开发者也是使用者，知行合一，填平了业务人员和技术之间的鸿沟，减少了沟通成本，让日常业务逻辑所想能所见，所见即所得，让开发阶段和后期维护迭代阶段的工作都变得格外顺畅。

无代码开发平台能显著提升开发效率，尤其适合业务变化快、预算有限、开发时间紧迫的企业应用场景。相较于只能解决行业通用问题的 SaaS 租用模式，无代码平台适用范围更广，更能满足个性化需求，有更强的灵活性。

当然，无代码平台也有明显的局限性。就目前来说，无代码平台主要用于搭建企事业管理软件，不适用于娱乐、社交等软件的开发。此外，无代码编程目前还处于发展期，成熟度也有待进一步提升，但作为一种创新的软件开发模式，其发展前景十分乐观。目前，国内外无（低）代码平台正如雨后春笋般不断涌现，大有层出不穷、百花争艳之势。

1.3

云表，让你会画表格就会编程

云表是无代码开发的典型代表，是一个纯中文的快速开发平台，历时 11 年成长，目前产品架构趋于成熟，通用化程度较高，商业化进程正在提速。云表通过画表格的方式，就能快速设计出各种管理软件。

云表的设计界面完全兼容 Excel，也支持 Excel 的所有操作，非常容易上手。其开发速度是传统代码开发的 5～10 倍。最关键的是，零基础用户也完全可以根据自己的需求设计软件。

云表，本质上是企业级的 PaaS 平台，已经成为国内少数具备跨行业的拥有大客户落地能力的产品。公司 10 多年来，一直专注于无代码开发平台的完善，截至目前，已经服务过包括化纤、IT、交通、建筑、电信、通信、制造业、新零售等行业的高端用户。

从产品使用效果上看，云表的优势主要有以下两点。

一是既可以快速开发轻便的部门级应用，也可以开发像MES、WMS、CRM等企业级核心业务系统。各应用系统之间，可自然实现业务数据的无缝集成，还能让业务人员直接参与系统搭建，省去软件工程师的人力成本，节约开发时间。

二是可以高度集成企业内部的已有业务系统，帮助企业减少信息孤岛，打通数据通道，对业务实现全过程、全流程、全生命周期的管控。这一点尤其得到了企业管理层的青睐和好评。

云表也是一款独立的数据库管理软件，通过云表自有的浏览器，就可以完成所有数据操作；具有强大的业务配置和集成开发能力，在实现需求的过程中，根本不用考虑编程和数据库的问题，因为都是中文可视化操作，只需要像使用Excel一样拖拉拽移和单击就可以了。

前文说到的电动车小老板、给女友献殷勤的小伙子、经理李杰的故事，都是真实的案例。他们的作品都是用云表做出来的。还有中铁十六局、恒逸石化等大型企业，很多年前就把云表作为开发核心业务的工业互联网平台。诸如进销存、WMS仓库管理软件、OA、设备管理系统、生产管理系统、CRM、MES、办公用品等管理软件，在熟悉云表的开发者眼中，都已不再是难事。

"工欲善其事，必先利其器"。云表就是这样一款具有先进代表性的开发利器，早一点了解，多一分掌握，就能体会它的强大功能。越懂业务，越容易编出适用、好用的软件来。

如果你想在单位里脱颖而出，如果你整天不胜其烦地在办公表格之间复制粘贴；如果你也很想实现企业管理信息的一体化和个性化，那么请跟随我们一起，开启云表之旅吧。

本书将以最常见的进销存管理系统为例，一步步完成它的设计过程，并从中体会云表的编程之易和编程之妙。

思考与练习

1. 你对低代码或无代码编程的前景有何预测？
2. 设想你已经掌握了无代码编程，最想开发什么软件？
3. 在百度搜索引擎中以"无代码编程"为关键词，搜索并浏览结果。
4. 在百度搜索引擎中以"云表"为关键词搜索，进入官方网站浏览。

第 2 章

用云表开发管理系统的基本思维

　　本章以相对宏观的视角，梳理用云表开发一套管理系统的基本思维。本章内容需要在学习云表的过程中，反复阅读和领悟。

2

2.1

管理与管理系统

　　究竟什么是管理？仁者见仁，智者见智。从字面上解释，管理即管辖治理，是在一定的社会制度等外部环境中，一个组织为了实现预期的目标，由管理者对组织内部的各种资源进行决策、计划、组织、领导、激励、控制和创新，促进其相互协调，以取得最大效益的动态过程。

　　现代管理学之父彼得·德鲁克曾精辟地阐述过管理的本质："管理是一种实践，其本质不在于知，而在于行；其验证不在于逻辑，而在于成果；其唯一的权威性就是成就。"

　　古今中外，管理的主体是人，客体包括人与物，以及人与物派生出来的一切。从广义上讲，几乎一切事物都可以纳入管理。

　　从企业的角度描述管理的要素，可以把一切企业活动都归纳为人员、设备、物料、方法、生产环境这 5 种要素的变化。

　　在经济领域，财务管理者把企业划分为资产、负债、所有者权益、收入、费用、利润 6 大经济要素，围绕这些要素的相互转换变化来描述业务过程，实现企业管理。

　　管理系统是为达成组织目标，针对管理对象，由具有特定管理职能和内在联系的各种管理机构、管理制度、管理过程、管理方法所构成的完整的组织管理体系。在企业中，这个系统可分为计划经营、生产技术、劳动人事、财务成本和生活服务等若干子系统。

　　管理系统的数字化，就是开发管理系统软件的应用过程，是对现实生活中管理流程的一个数字化映射，相当于在计算机中把现实的管理模拟一遍。这个数字化映射，并不是简单的复制，而是对业务活动进行逻辑抽象和不断优化的过程。它往往采集我们最关心的数据，抽象出一些信息表单，方便管理者对这些信息分类汇总、统计、查询，并根据需要不断去拓展、优化。

2.2
表格是直观体现管理的好工具

人们在日常办公、科学研究及商业数据分析活动中，广泛使用形形色色的表格。各种表格常常会出现在印刷介质、手写记录、计算机软件等地方。随着管理对象的不同，表格在样式、结构、灵活性、标注法、表达方法及使用等方面也迥然各异。

但无论什么形式与结构，表格都是一个用来进行可视化交流的工具。表格是企业实现规范化管理的主要实施途径，具备简洁、明了、易操作的特点，很容易把制度化、流程化的管理思维转化为可实际操作的直观的过程和结果。

表格的功能总结如下。

（1）体现管理意志，收集关键数据。表格的设计往往由管理层来完成，表格的样式和栏目其实就是管理意志的体现，指引大家在表格的约束下，完成相应数据的采集。

（2）记录留痕，实现过程管理。在现代管理中，"事务流程化，记录表格化"已经成为管理者的普遍共识，因此，人们用表格来描述所有事务的具体内容，记录关键数据，做到有据可查，便于过程监控。

（3）规范内部行为。企业一般都有一些固定的表格模板用于管理各项业务，表格模拟提高了工作效率；同时对部门员工形成数据收集的常态化要求，统一了部门领导与下属的工作方法与流程。

（4）实现数据的留存和流转。表格本质上是对数据的记录，数据的类型不仅是数字，还有文字、时间、图表、二维码等。这些数据，通过表格实现了留存和流转。

随着企业信息化进程的加快，电子化的表格应用也越来越多，表格更加规范、填表效率更高、表格之间数据的汇总查询更加方便快捷。

然而，表格的设计需要一定的功底，一个完美的表格体现的是管理的水准，一套齐全互补的表格系统就是管理思维的全部缩影。

2.3
用云表开发管理软件的基本方法

云表，作为无代码开发平台，为用户提供了全新的开发方式，软件的架构及其搭建过程都和传统的代码开发有重大区别。

首先，云表的使用者，更多来自企事业单位一线的管理人员，他们无须有软件工程的背景和高深的软件架构模型理论。他们的长处在于对公司业务的熟悉、对企业管理痛点的感同身受、对软件应该具有哪些功能才能真正对自己有所帮助的深刻理解。所以，用云表开发系统，一开始不必追求大而全，而是要结合当下的实际需求，先解决局部问题和迫切问题，然后一步步地进行功能完善和功能扩充。

因为企业总是在不断成长的，每个阶段的管理都有主要矛盾和次要矛盾，应首先解决主要矛盾，实现当下最急需的管理信息化，逐步做到全面信息化、数字化。众多的管理人员其实已经深刻体会到，软件从来没有最好的，只有适合自己的。由自己操刀，量体裁衣，量身而作，用到什么开发什么。

要画出合适的表格，最重要的是分清管理对象和业务活动。

在企业运营当中，管理对象一般为人、钱、物、事、流程。

任何一类管理对象，都有不同的属性，概括来讲，主要有标识性属性、描述性属性、状态性属性三大类。以人为例，其标识性属性具有唯一性，通常不能用姓名，而是用身份证号码、职工编号等；描述性属性有身高、性别、体型、肤色、工种、个人简历等；状态性属性有在职、退休、出差等。

再如，物品的标识性属性有商品编号、批次号等；描述性属性有商品名称、规格型号、供应商名称等；状态性属性有所在的存储仓库、在库数量等。

管理对象的不同属性通常是表格中的重要内容。因管理的需要，有时必须区分同类对象的不同个体，这就离不开标识性属性；描述性属性是管理对象的基本属性，更不可或缺；管理对象的不确定性则决定了状态性属性的必要性。

那什么是业务活动呢？

影响管理对象状态发生改变的活动都是业务活动，如商品管理中的入库、出库、报废，人事管理中的请假、调岗等，都让物或人的某个或多个状态属性发生了变动。企业管理对象的不断交互造成了大量的业务活动，所谓的管理，除了管理对象本身和业务活动，也没什么别的内容了，所以，把对象和业务活动管理好，基本就涵盖了管理的所有范畴。

用云表把实际工作中的管理抽象成软件系统的思考流程大致有如下步骤。

一是明确解决的重点、痛点、难点是什么。是企业的生产管理、人力资源管理，还是市场管理？在需求明确之后，首先根据所掌握的情况，剥离出管理对象是哪些；其次找出影响管理对象状态的业务活动，如入库、出库、付款、请假等。

二是绘制表格草图。将关键业务所对应的管理对象用表格描述出来；确定表格上的数据名称及其内容；找到不同表格之间数据的相互关系；绘制管理者所需要的业务报表。

三是确定相关基础数据。例如，用户的组织机构与岗位、供应商名录等。

四是完善各种统计报表。针对业务数据，不同的管理岗位会有不同的查询要求，按照实际需要建立查询与报表模板。

五是用云表完成系统开发。不断进行数据测试和业务逻辑验证，如有问题，不断修正，从而达成开发目标。

六是持续优化和陆续增加其他管理模块。

在初次阅读本章内容时，可能无法完全理解，可以先跳过本章。正如学习一门武术一样，开始时完全可以照猫画虎，练习好一招一式，在不断重复练习中，慢慢悟出招式背后的原理。

思考与练习

1．如果你是某公司负责考勤的办公室人员，你的管理对象和考勤业务活动有哪些？思考如何确定管理对象的标识性属性、描述性属性和状态性属性。

2．如果你是某贸易公司的总经理，你的管理对象和运营业务活动有哪些？你能用若干表格把你想实现的管理表达出来吗？

第 3 章

开发前的业务准备

从本章开始，我们将用一个进销存管理的案例，展示使用云表的开发过程。至此，无代码开发的学习序幕将徐徐拉开，云表的精华也将逐章呈现。

管理系统开发的前提是必须先充分了解业务流程。所以，大家先来把进销存的业务逻辑梳理一遍吧。

3

3.1

进销存业务简介

3.1.1　进销存的概念

进销存管理，是对企业日常经营中最基本的进货（采购）、商品销售、入库出库（库存管理）等业务流程的管理。进销存又称购销链，是一个动态管理过程。

进销存软件其实就是一个典型的数据库应用系统，系统集合了进货、销售、存储及查询等多项功能，主要用于企业的库存和财务管理，减少企业的财务数据不准及信息反馈不及时等问题，为企业的经营提供良好的应用保障。可实现信息的全面化管理和完善运作，减少企业运作问题，实现效益最大化。

具体来讲，进销存管理的目标如下。

（1）保证销售供应并实现利润最大化目标。

（2）减少资金使用，实现资金利用率最高。

（3）加快存货流动，提高流动资金的使用效率。

（4）减少商品在流转过程中的损耗，并控制破损数量。

（5）出入库、进销工作避免出现差错。

（6）商品采购经济批量，降低采购成本，同时降低库存积压。

（7）管理好财务资金、财务报表，避免财务资金出入流量失衡。

3.1.2　进销存软件的发展历程

进销存软件起源于 20 世纪 80 年代，由于电算化的普及，不少企业对于仓库货品的进货、存货和出货管理等有了强烈的需求，进销存软件的发展从此开始。

进入 20 世纪 90 年代以后，进销存软件的应用面越来越广，出现了许多在功能上更为全面的进销存系统。从单纯的货品数量管理扩展到货品进出的流程管理。进销存软件对每批货品的来源、存放和去向都能详细地记录。

2000 年前后，各式各样的进销存软件产品层出不穷，在仓库进销存管理的基础上，集合了财务管理、客户管理和业务管理等相关内容，成为进销存财一体化的管理系统。

国内比较出名的财务软件公司纷纷推出进销存软件，采用客户端本地业务管理与互联网搜索及应用相结合的方式，以货品价格搜索和库存管理为基础，统一管理报价、库存、收支等，解决小微企业日常经营中一直存在的商品太多、无法记住价格及库存的问题，完美实现"精准报价、清晰库存"的核心价值。

3.1.3 进销存业务的基本流程

进销存业务是商品的采购（进）→入库（存）→销售（销）的动态管理过程。工业企业进销存是原材料的采购（进）→入库（存）→领料加工→产品入库（存）→销售（销）的动态管理过程。

图 3-1 所示为进销存业务的一般流程。

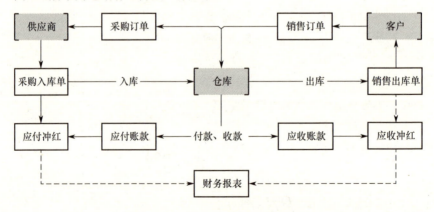

图 3-1 进销存业务的一般流程

进销存管理要解决以下 5 个环节的问题：计划采购、入库、仓储、出库、销售。

1. 计划采购

计划采购环节要解决的问题如下。

（1）何时采购——提前几天，备货多少。

（2）由谁采购——业务员采购或业务经理采购。

（3）采购数量——综合考虑销售量估计、仓储部管理政策、财务部周转资金后确定。

（4）采购订单发出时间与到货时间的掌控。

（5）采购价格、采购渠道、送货方式等的选择。

（6）经济订货量、安全储备的确定。

2. 入库

入库环节要解决的问题如下。

（1）单证审验严格，并与实物相符。

（2）实物外包装、实物形态正常。

（3）计算机与手工票据、账目登记及时，核对一致。

（4）搬入库中，分类存放。

（5）通知销售部，将验收入库的计划提单上的商品出库（缺货时）。

（6）传递票据并通知财务部门货物已验收入库，以此作为付款的依据。

3. 仓储

仓储环节要解决的问题如下。

（1）存货按品类存储。

（2）按流通商品经营质量管理规范的要求储放商品。

（3）建立畅销、滞销、效期商品定期报告，及时处理档案。

（4）减少破损库商品数量。

（5）做仓储部存货储备预计。

（6）按财务部的建议做减少资金占用量的计划。

4．出库

出库环节要解决的问题如下。

（1）按经核准的计划单出库。

（2）临时出库必须附经理批准的出库申请单。

（3）出库的商品必须打印出库单。

（4）出库与入库分开，并保证做到先入后出。

（5）保证不存在未入库的商品出库的情况。

（6）核对清楚出库商品的批次、规格等，避免出错。

5．销售

销售环节要解决的问题如下。

（1）完成销售计划。

（2）按公司要求进行不同品类的商品销售工作。

（3）提前申请进货，保证不断货。

（4）销售中非公司原因造成的损失，及时反馈给相关部门，及时解决。

（5）与业务采购部、仓储部保持良好的交流，创造顺畅的信息交流渠道。

（6）销售的资金回款情况应及时向财务部报账；未结款的应及时对账。

3.2

云表平台进销存系统的开发框架

云表平台创始人张军先生曾提出规划应用系统的四部曲。

（1）找出被管理对象。

（2）找出影响被管理对象状态的业务活动。

（3）找出相关基础数据（数据字典）。

（4）统计报表。

在进销存日常管理中，往往需要各种业务基础表单，然后对各项表单中的数据进行单独分析，经常利用 Excel 自带的分析工具进行收入与成本分析。

业务表单包括采购业务表单、销售业绩表单、库存管理表单。这 3 种表单是进销存管理中最基础的表单，也是最有效的表单。

其中，采购业务表单主要包括采购日期、货物编号、规格、单位、数量、价格、供货商等内容。

销售业绩表单主要包括销售日期、货物编号、规格、单位、数量、客户等内容。

库存管理表单主要包括上期库存数量与金额、本期收入数量与金额、本期发出数量与金额、本期结存数量与金额等内容。

管理对象的属性分类如图 3-2 所示。

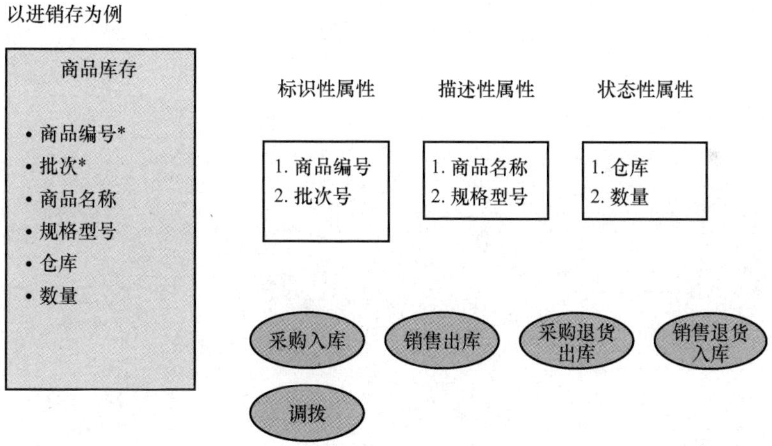

图 3-2　管理对象的属性分类

管理对象与业务活动如图 3-3 所示。

进销存系统可能用到的表单如图 3-4 所示。基础数据示例如图 3-5 所示。在软件开发之前，借助于图表先把整体业务流程和逻辑厘清，是提高开发效率和减少软件出错的前提。

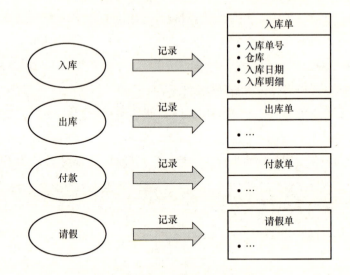

图 3-3　管理对象与业务活动

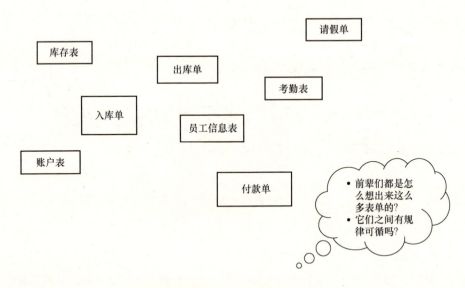

图 3-4　进销存系统可能用到的表单

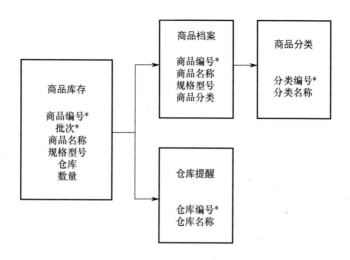

图 3-5 基础数据示例

3.3
进销存案例场景设定

李小明从计算机专业毕业后，入职了某市贸易公司的 IT 职位。他在工作中发现公司缺乏管理软件，目前全部业务资料信息均用 Excel 进行管理。经过一段时间的研究和准备，小明决定运用在学校学习的云表开发知识，报请公司汇报批准后，准备为公司搭建一套进销存系统。

该贸易公司的基本情况如下。

李小明所在的贸易公司是某品牌液奶地区代理商，主营产品为常温液奶（详见表 3-1）；销售渠道为本市区部分大中型商超，如华润万家、沃尔玛、家乐福、得一连锁超市等；仓库面积为 1800 余平方米。

公司的组织结构如图 3-6 所示。

业务部：下辖采购、销售组（含商超促销）等。

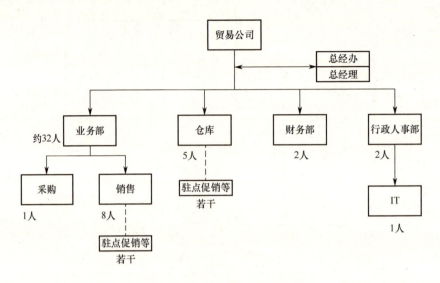

图 3-6 李小明所在公司组织结构

仓库：负责日常仓库出入库管理、库存管理等日常事务。下辖外勤车辆配送，负责商超日常货物配送等。

财务部：负责财务工作，出纳及应收应付财务管理。

行政人事部：负责公司日常行政及人事管理工作。

表 3-1 常温液奶产品矩阵

序号	有效期	名称	规格	单位	商品分类	采购价/元	参考售价/元
1	6个月	有机酸牛奶（原味）	205g*12	件	有机酸奶	50	65
2	6个月	有机酸牛奶（沙棘味）	205g*12	件	有机酸奶	52	69
3	6个月	有机纯牛奶（精品装）	200ml*12	件	有机纯奶	28	39
4	6个月	有机纯牛奶（环保装）	250ml*12	件	有机纯奶	42	52
5	6个月	有机纯牛奶（商务装）	250ml*12	件	有机纯奶	45	58
6	6个月	有机低脂纯牛奶	250ml*12	件	有机纯奶	42	52
7	6个月	有机儿童纯牛奶	200ml*12	件	有机纯奶	45	58
8	6个月	有机儿童纯牛奶（实惠装）	200ml*24	件	有机纯奶	58	72

（续表）

序号	有效期	名称	规格	单位	商品分类	采购价/元	参考售价/元
9	6 个月	澳日苏纯牛奶	250ml*12	件	有机纯奶	28	39
10	6 个月	有机纯牛奶（品醇高端）	200ml*12	件	有机纯奶	58	72

公司平日出入库作业流程图和各模块关系流程图如图 3-7 和图 3-8 所示。

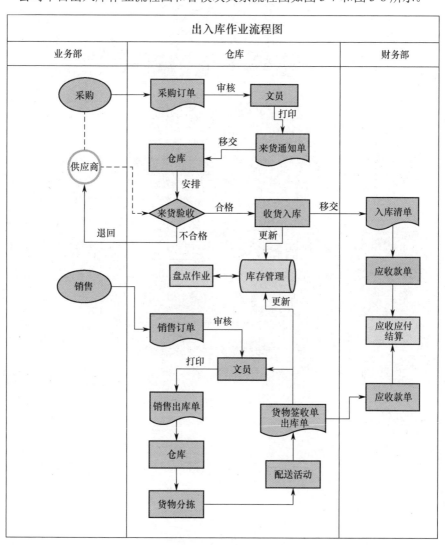

图 3-7 出入库作业流程图

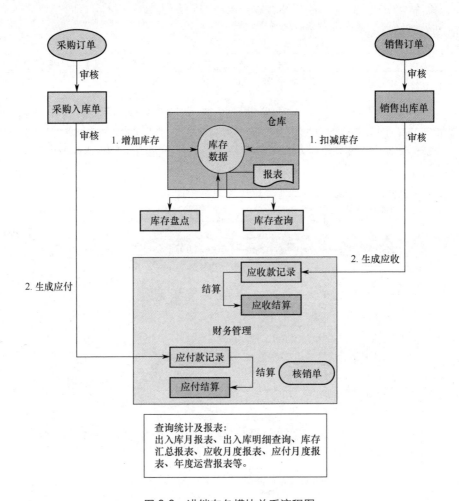

图 3-8　进销存各模块关系流程图

思考与练习

如果你是李小明，根据贸易公司的基本情况，你将如何设计进销存的软件架构、各模块表单及其字段属性等？

第 4 章

云表编程环境的创建

　　清晰了进销存管理需求，终于到了真正零距离接触云表的时候了，我们一起来当李小明，跟随他的开发进程，一步步实现进销存的管理。云表的神秘面纱即将揭开，让我们一睹其芳容。

4

4.1

云表的下载与安装

云表平台是一键式安装，非常方便，在 Windows 操作系统中的安装过程包括如下 4 步：注册云表账号；创建应用；下载云表服务器安装包；登录应用系统。

1. 注册云表账号

如图 4-1 所示，在浏览器中打开云表官网注册页面 https://www.iyunbiao.com/signup（建议使用 360 浏览器或者谷歌浏览器），有微信扫码注册或手机号直接注册两种注册方式，任选其一即可。注册成功后用账号登录，进入管理控制台。

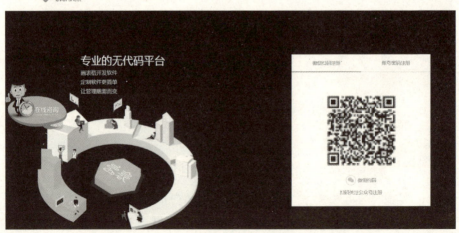

图 4-1　云表账号注册页面

2．创建应用

在管理控制台，可以创建多个本地服务器，在每个服务器下又可创建多个不同的应用空间，每个应用空间都可以用来开发一个独立的管理系统。用户可以对账号下创建的所有服务器和应用进行管理。

创建应用的方式有两种：本地应用和云端应用。它们的主要差别如下。

（1）本地应用是将云表服务器程序和数据库都部署到自己的本地计算机或服务器上，这会同时安装云表服务器和云表浏览器（即客户端），适合初学和练习云表、调试程序等。其缺点是编好的管理系统只能在内网访问，当然如果用户懂外网映射技术，也可实现全网访问。

（2）云端应用是云表官方提供服务器和数据库并负责维护的，用户只需要下载云表浏览器。其特点是操作简单，只要有网络，随时随地都可以访问系统。

为了学习方便，这里以部署本地应用为例，如图 4-2 所示，单击左侧导航栏-[本地应用]，【新建服务器】，给服务器命名，如"进销存案例练习"，在进销存案例练习下单击【创建应用】。

图 4-2　创建本地应用-进销存案例练习

每个应用都有单独的配置，如名称、并发数、模板数、时长（见图 4-3）。

初学者可选择云表免费版。免费版默认配置 5 个并发数，代表未来上线的系统可满足 5 个人同时登录使用；60 个模板代表系统可免费使用的模板数量最多是 60

个（模板的含义参见第 5 章）。本地应用默认的超级管理员账号和密码都是 admin，单击【确认支付】按钮，即可开通服务（见图4-4）。

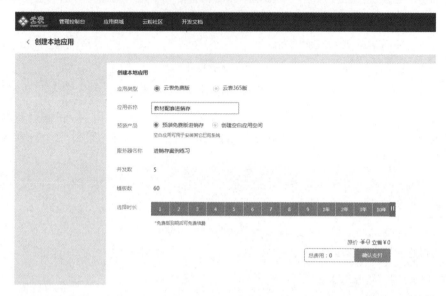

图 4-3 本地应用初始配置

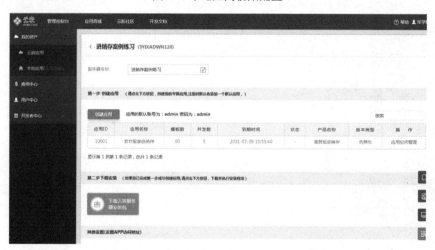

图 4-4 创建本地应用

设置服务器和应用时需要注意，应用一旦添加便不可删除；当服务器下有未删的应用时，此服务器也不能删除。

3．下载云表服务器安装包

先将安装包下载到本地，运行后按照页面提示，同意本协议，开始一键安装。安装过程中如跳出杀毒软件针对这个程序的提示，请直接忽略。

云表服务器安装包大概 200MB，边下载边安装。安装完成后在桌面会出现两个图标。一个图标是云表服务器控制中心，另一个图标是云表企业浏览器。

云表服务器控制中心代表服务器端，它默认绑定了用户账号下的进销存案例练习服务器。需要注意的是，即使云表账号下创建了多个服务器，在一台计算机上也只能绑定其中一个。若想绑定其他服务器，必须先将目前绑定的服务器解绑。

云表企业浏览器是终端用户的使用界面，也是初学者和开发者的调试、设计中心。

4．登录应用系统

首先双击打开云表服务器控制中心，等待服务器启动，屏幕提示服务器启动成功后，单击下方的长条按钮，会打开云表浏览器，用默认的超级管理员账号（admin）和密码（admin）即可登录。

若想修改登录密码，可在云表浏览器左上角选择[云表]→[修改密码]。云表浏览器的使用方式与普通浏览器相同。

本地应用系统的网址是什么呢？就是服务器控制中心最下方的那个网址，如图 4-5 所示。

图 4-5 服务器控制中心页面

此网址由 3 部分构成：IP 地址、默认端口号 88、应用 ID 号。云表服务器会自动获取本机的 IP 地址，因为服务器端和客户端都安装在同一计算机上，在本机访问服务器时，浏览器地址栏也可用 localhost 替代 ip 地址，显示为 localhost:88/10001/login。

应用 ID 号是在服务器下创建应用时自动产生的编号，默认从 10001 开始。这是区分云表平台下不同应用系统的重要标识。在云表浏览器中，访问不同的网址，就意味着访问对应的某个应用系统。处于同一个局域网内的其他计算机，如何访问服务器中的应用呢？在浏览器的地址栏中输入服务器控制中心最下方的网址即可。

本书完整的进销存演示系统存放于云端，网址为 https://cc.iyunbiao.cn/9277。体验账号有 13 个，从 IT001 到 IT013，默认密码均为 YB@admin。

4.2

云表服务器控制中心

在云表服务器控制中心的操作并不多，但十分重要。对初次接触云表的学员来讲，建议先学会备份数据库和恢复数据库操作，以便更好地保存练习过程中的数据。

备份和恢复数据库的操作如下。

（1）备份数据库：在"云表服务器控制中心"中单击菜单[工具]，选择[备份数据库]，单击备份路径右面的文件夹按钮，选择备份路径，单击【确定】按钮，即可完成数据库备份。

（2）恢复数据库：在"云表服务器控制中心"中单击[工具]，选择[恢复数据库]，单击"请您选择数据库恢复文件"右侧的文件夹按钮，选择之前备份好的数据库；在"请您输入要恢复到哪个数据库中"文本框中输入要恢复到的数据库名称

（不输入则默认恢复到当前使用的数据库中）。

　　以上是手动备份数据库操作，若担心遗忘也可选择自动备份方式，具体方法如下：在云表服务器控制中心单击[工具]，选择[修改数据库自动备份配置]，单击"备份路径"右面的文件夹按钮，选择备份路径，选择"备份时间"。在选择"备份时间"时，单击右侧的下三角按钮，会打开时钟，在时钟上按住鼠标左键可以调节时针，按住右键可以调节分针，设置好时间后单击【Set】按钮。勾选"激活"复选框，然后单击【确定】按钮，即可完成数据库自动备份配置。

4.3
云表企业浏览器的主要操作

　　云表服务器控制中心成功启动后，单击下方的长条按钮，打开云表浏览器登录应用，就默认进入进销存管理系统了（见图 4-6）。

图 4-6　本地应用初始页

之后所有的关于进销存的程序设计工作，都将在这个基础画面上展开。

后续经常用到的操作是打开小号窗口。单击左上角的[云表]菜单，就可以看到[打开小号窗口]选项了。这个动作可以让我们同时访问两个云表应用，或者更换另一个账号登录同一系统，也可理解成打开了另一个网页。

[云表]菜单中的其他选项读者可自行探索。

思考与练习

1. 注册云表账号，下载安装云表系统，新建两个本地应用服务器。
2. 打开云表服务器控制中心，获取服务器编号。
3. 浏览云表官方网站视频教程和文字教程。
4. 在云表服务器控制中心打开云表浏览器，打开小号窗口。

第 5 章

模板与表单

现实商业社会的各种管理，往往要借助于各式各样的表格。表格设计好后，就具有了固定的样式，填写上对应的数据之后，表格就具有了留存和数据统计分析的价值。同理，在云表中，要构建管理信息系统，也需要先设计出一个个模板。构建信息系统的过程，其实就是不断制作"模板"及设定各模板之间数据关系的过程。

5

5.1
模板与表单的基本概念

在云表中，一个固定格式的空白表格称为模板，全称是表单模板。例如，进销存应用中"商品信息"表单模板样式（见图5-1）。

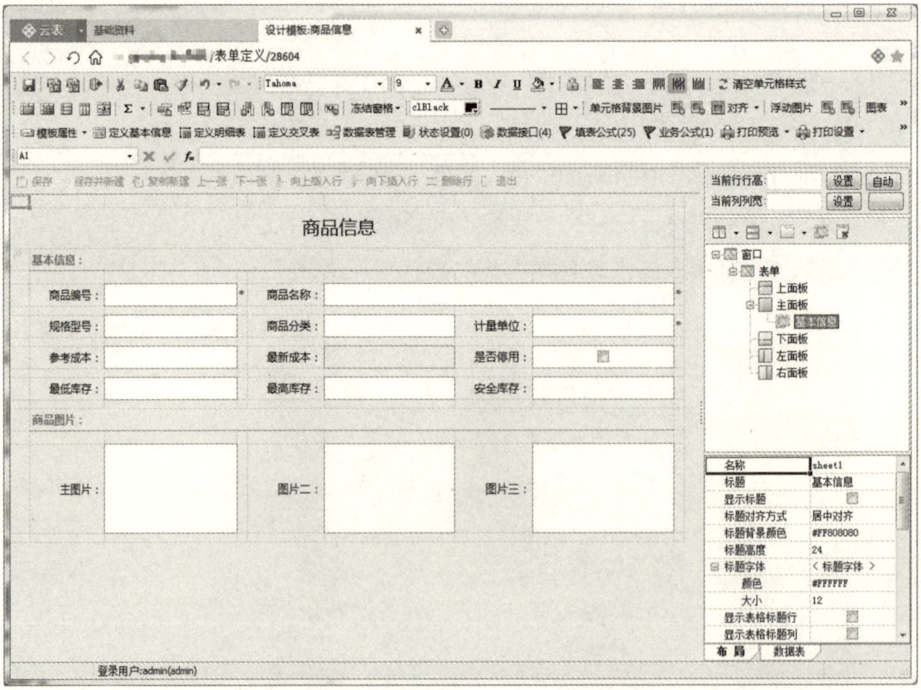

图5-1 "商品信息"表单模板样式

根据设置好的模板，按照要求在表格中填充具体数据，填写内容之后保存的表

格，就称为表单。例如，图 5-1 中填充具体数据并保存后，生成"商品信息"表单
（见图 5-2）。同一个表单模板，会生成样式相同的同一类表单。若干份表单，就是
若干条数据（见图 5-3）。

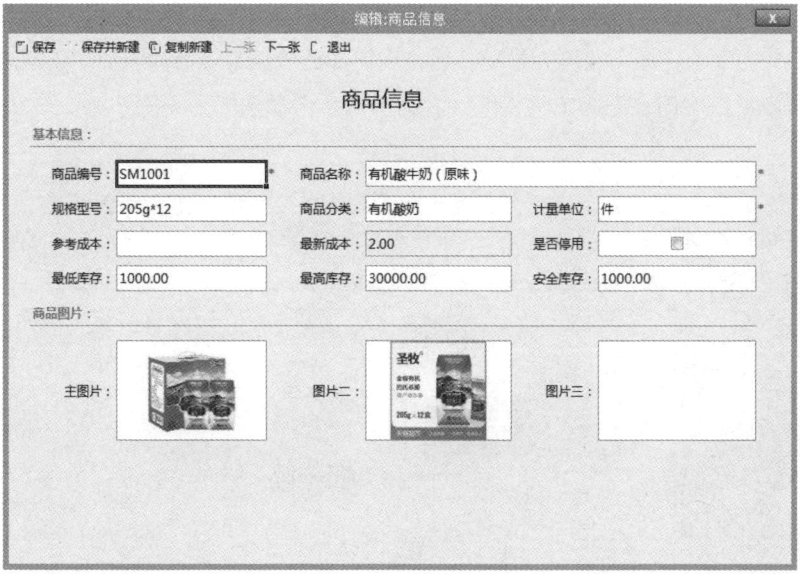

图 5-2　"商品信息"表单

图 5-3　"商品信息"表单数据

　　构建应用系统时，每个表单模板中有多少行、多少列，每行每列都填写什么信息，以什么方式填写，不能填写什么，等等，这个设计表格样式的过程，就称为设计表单模板。具体设计方法如下。

　　（1）打开云表企业浏览器，登录进销存应用空间后，首先会看到"我的系统"首页，分为 3 个区域，左侧为导航栏区，以树形的方式展示各个文件夹和文件夹下的各个模板；右侧上方为工具栏区；右侧下方是主显示区（见图 5-4）。

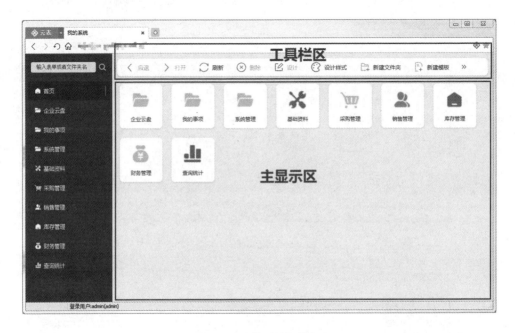

图 5-4　　"我的系统"首页

　　单击工具栏区中的【新建模板】按钮，弹出[选择模板样式]对话框（见图 5-5）。

　　表单模板样式有 3 种：单表格、多表格—单明细表、多表格—多明细表。

　　单表格：自动生成一个空白表格，由用户自主设计表单模板的样式。

　　多表格—单明细表：自动生成上、下两个空白表格，一般上面的表格用来设计基本表样式，下面的表格用来设计明细表样式。

　　多表格—多明细表：自动生成上面一个、下面多个空白表格。一般上面的表格设计基本表信息样式，下面的多表格用来设计多个明细表信息样式。

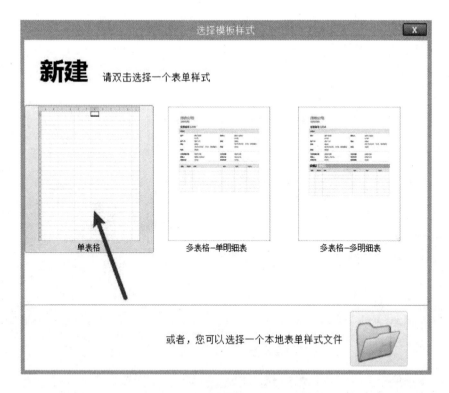

图 5-5　"选择模板样式"对话框

（2）选择[单表格]样式后，进入模板的设计界面，建议在空白表格区域添加一张图片，按照你自己的想法，就可以设计表单模板样式了。屏幕上方的功能按钮相信大家不陌生，其具体功能也十分直观，将鼠标指针在相应按钮上悬停一下，就会弹出功能提示，这些操作和 Excel 表格的操作基本相同。如果有现成的 Excel 表格，就更方便了，导入进来即可。单击工具栏中的【导入】按钮，即可实现。

（3）设计好的"商品信息"表单模板的样式（见图 5-6），给出设计规范以便于用户能自己设计，单击工具栏中的【保存】按钮，弹出[模板属性]对话框（见图 5-7）。

模板编号：只供系统内部调用。建议使用模板名称的首字母，并大写。

模板名称：模板的名称在整个应用系统中必须保持唯一，名称中不允许有空格等特殊字符。

显示标题：这是在导航栏、文件夹和新建表单的标签页标题栏显示的名称。

目录：此表单模板存放的文件夹位置。

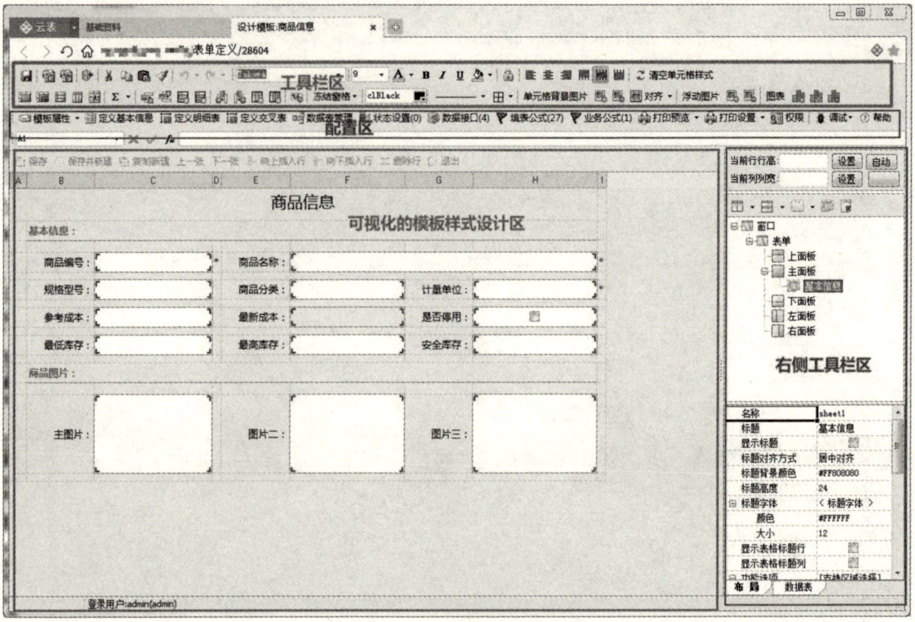

图 5-6 "商品信息"表单模板的样式设计界面

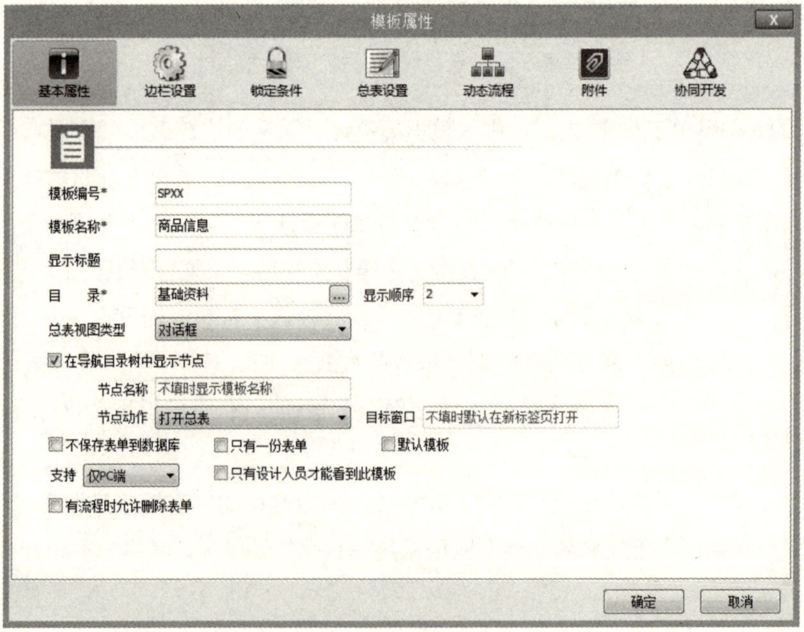

图 5-7 [模板属性]对话框

显示顺序：模板在文件夹中的排序依据，序号小的显示在前面。

总表视图类型：有 3 种显示模式——对话框、标签页、当前视图，按需自行选择，一般用于导航的设计。

默认模板：若勾选此复选框，则打开存放本模板的文件夹时，会自动打开该模板。

支持：允许访问本模板的方式。可以选择的方式有：仅 PC 端、仅移动端、PC 和移动端等，按需自行选择。

只有设计人员才能看到此模板：用于设置该模板的权限，例如，用户 A 设计的，用户 B 就无权看到。

图 5-7 中的模板编号、模板名称、目录这 3 项为必填项。模板编号和模板名称都要求唯一，模板编号没有固定的规则，可以根据自己的喜好对模板进行编号，模板名称可以由中文、字母和数字组成，但不能以数字开头，且不允许包含加减乘除等特殊符号。

（4）单击【确定】按钮，完成保存操作。本例中表单模板名称命名为"商品信息"。

5.2
定义数据项

设计好表单模板的样式之后，仅仅类似于画好了空白的表格，云表开发平台本质上是数据库管理系统的自动生成平台。所以，画好表格样式后，还要在表单模板上定义好数据项。

数据项从形式上看，就是表单模板中需要填写内容的空白单元格。但每个单元格中需要填写的内容，有可能是数字、文本、图片等。这些就是数据项的特点，需要在模板投入使用前就定义好。

5.2.1 数据项定义的内容

数据项定义的内容比较多，下面以"商品信息"的[数据定义管理]页面为例

（见图 5-8）。

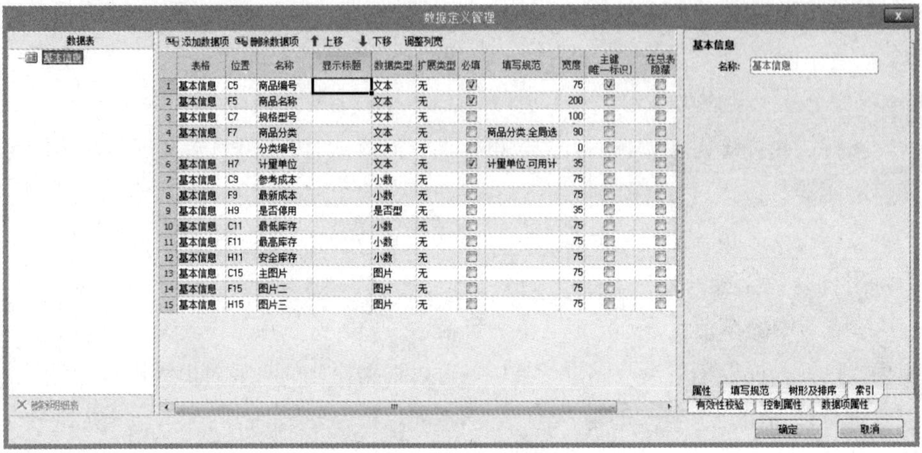

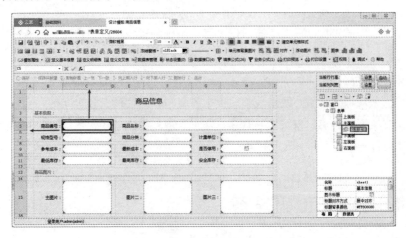

图 5-8　[数据定义管理]对话框

表格： 要定义的数据项所在表格的名称。

位置： 要定义的数据项所在具体单元格的位置。例如，"商品信息"表单模板中，C5 单元格是一个数据项，它的位置是"C5"，就表示表格中第 C 列第 5 行所在的单元格。

名称： 要定义的数据项的名称。例如，"商品信息"表单模板中，C5 单元格的数据项名称是"商品编号"（见图 5-9）。

图 5-9　"商品信息"表单模板设计界面

显示标题：数据项在总表中的显示标题。

数据类型：表明单元格中填写什么类型的信息，常用的数据类型有文本、小数、备注、日期等。例如，数据类型设为"文本"的空白单元格，在新建后只能填写不超过 255 个字符的文字。

扩展类型：当数据类型为文本时，扩展类型可以选择"条形码""二维码""富文本"或"无"。

必填：勾选此复选框，之后按模板格式填写实际表单时，此数据项必须填写内容，不然表单将无法保存。如图 5-8 所示，"商品名称"是必填项，而"主图片"不是必填项。

填写规范：对所填数据的规范要求。

宽度：数据项在总表中的宽度。

主键：在基本信息中能保证表单唯一性的选项。

在总表隐藏：勾选此复选框，总表不显示该数据项的数据；不勾选此复选框，则会在总表中显示该数据项的数据。

5.2.2　定义数据项的作用

定义数据项是新建模板后必须随后完成的动作，其作用如下。

（1）新建表单时，鼠标光标只能在定义了数据项的空白单元格之间移动，这是为了保证模板的格式不会被随意修改。

（2）数据项所填内容的数据类型，必须与数据项定义时指定的类型一致。例如，定义了"参考成本"是"小数"类型，则在新建"商品信息"后；若在"参考成本"文本框输入了文本，系统会弹出报错提示框。

（3）填写完数据并单击【保存】按钮后，系统会自动检查所有的必填项是否均已填充数据。我们已设定了"商品名称"为必填项，若在填报时未在"商品名称"文本框中输入内容，单击【保存】按钮后，系统也会弹出报错提示。

总之，在云表开发平台中定义数据项，实际上就是对数据库中字段类型的定义，它可以让我们在填报数据表单时，更加规范，更加准确。

表单最常见的类型有两种：基本信息数据表和明细数据表。例如，在一个采购订单中，采购单号、采购日期、供应商、采购人员等就属于基本信息，特点是只有一个数据记录结果。在采购商品清单中，可以有多条记录来表达本次采购的货品及其数量等信息，这就是一个明细数据表。在表单中的表现如下：基本信息是一个标题对应一个值，明细表是一个标题对应多个值。

5.2.3　定义基本信息数据项

接下来以上面的"商品信息"表单模板为例，讲解如何定义基本信息数据项。

（1）登录后进入云表开发平台首页，单击[商品信息]模板，然后单击【设计】按钮，或者直接在"商品信息"模板上单击鼠标右键，在弹出的快捷菜单中选择[设计]命令，进入"商品信息"表单模板的编辑设计界面，如图5-10所示。

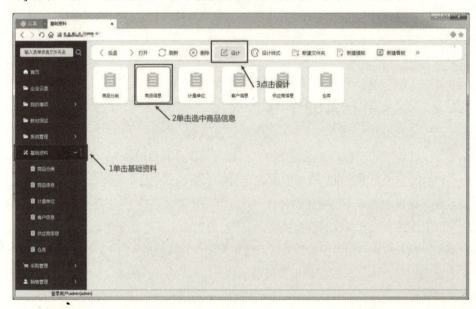

图5-10　云表开发平台首页

（2）用鼠标框选需要定义成基本信息的数据项的区域，单击配置区域中的【定义基本信息】按钮（见图5-11）。

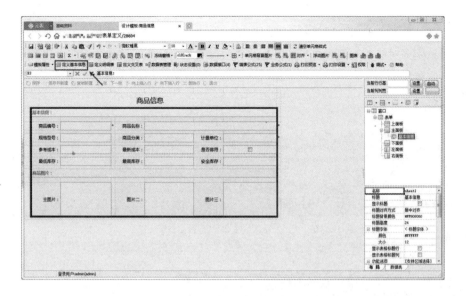

图 5-11 "商品信息"表单模板设计界面

（3）弹出[数据项设置]对话框（见图 5-12）。因为选中区域的单元格标题的位置，都是位于要定义数据项的左侧，所以，选择"左侧单元格"单选按钮，过滤条件默认即可。然后单击【下一步】按钮。

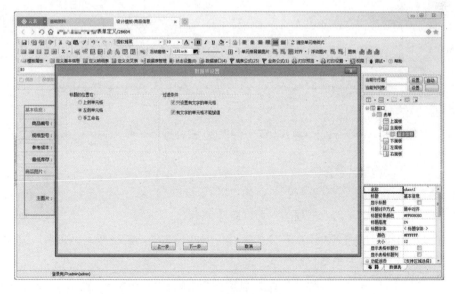

图 5-12 数据项标题设置

（4）接着，会进入[数据项设置]页面（见图 5-13）。云表开发平台会根据名称智能识别成对应的数据项类型，但是这些数据类型不一定是完全正确的，需要设计者进行核对。

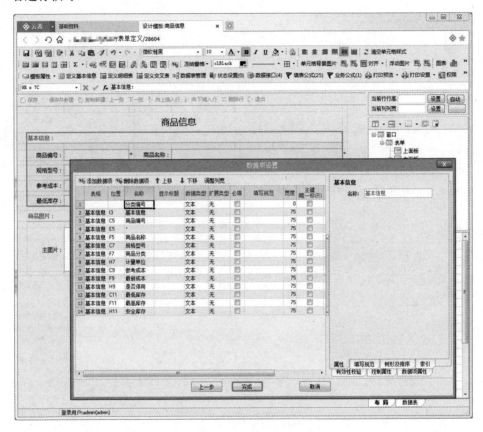

图 5-13　[数据项设置]（1）

以下 4 点需要注意。

（1）名称不可以带有特殊符号，如"*"。

（2）不需要定义为数据项的，可以删除。

（3）图 5-13 中"XX 成本""XX 库存"等数据类型，就不应为"文本"类型，要手动改为"小数"类型。

（4）图 5-13 中"是否停用"数据类型，需要改为"是否型"，之后填写表单时，该数据项表现为复选框，可以勾选。

（5）完成上述操作后，设置"商品编号"为主键（主键是表单与表单之间区别的唯一标识，类似订单号、学号），"商品编号""商品名称""计量单位"设置为"必填"（见图 5-14），然后，单击【完成】按钮。

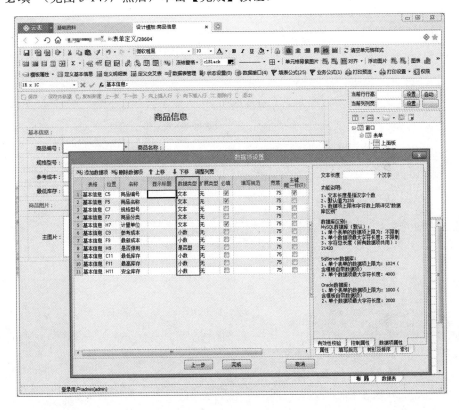

图 5-14 [数据项设置] (2)

（6）回到"商品信息"表单模板的设计界面（见图 5-15），1 号箭头指向的区域会看到样式中多了很多红色框，这说明已经成功定义基本信息数据项。2 号箭头指向的区域内无红色框，还需要单独给它定义基本信息。

（7）选中需要定义的单元格，如图 5-16 所示，单击配置区域中的【定义基本信息】按钮，弹出[数据项设置]对话框。选择手工命名标题，然后单击【下一步】按钮。

（8）将 C15 的名称改为"主图片"，数据类型改为"图片"，单击【完成】按钮。如图 5-17 所示，图片二和图片三也如法炮制。

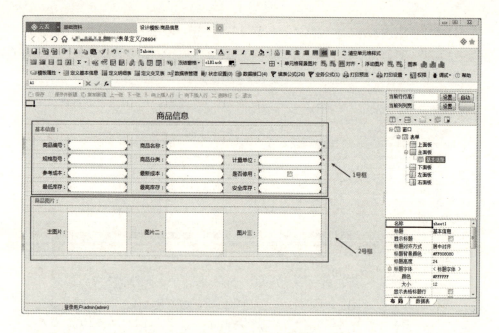

图 5-15 "商品信息"表单模板设计界面

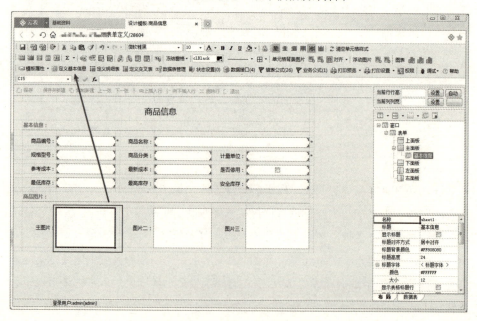

图 5-16 "商品信息"表单模板设计界面

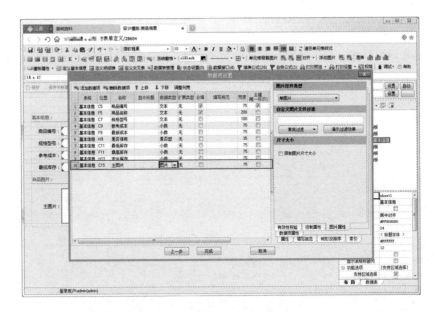

图 5-17　[数据项设置]完成后界面

（9）如图 5-18 所示，单击【保存】按钮。至此，对"商品信息"表单模板中的基本信息数据项全部定义完成，定义了数据项的位置会被红色框标记。

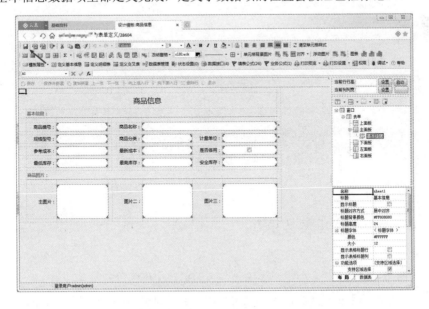

图 5-18　"商品信息"表单模板设计界面

　　（10）定义基本信息数据项后，如果想再次检查所设置的数据类型是否正确，或者需要调整已经定义了的数据项目的数据类型，需要在表单模板设计界面单击配置区域中的【数据表管理】按钮，可以再次打开[数据定义管理]对话框，进行数据类型的修改与检查（见图5-19）。

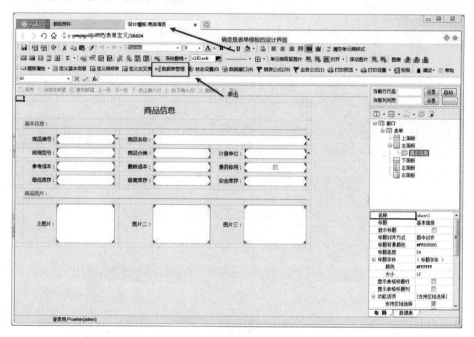

图 5-19　"商品信息"表单模板设计界面

　　需要注意的是，当生成表单数据并保存后，不得再修改数据类型；如果必须修改数据类型，需要首先清空所有表单数据。所以，应养成良好的设计习惯，在设计表单模板时，数据项定义最好一次就准确完成。

5.2.4　定义明细表数据项

　　如图 5-20 所示，李小明设计的采购入库单，上半部分是基本信息，下半部分是采购明细，用来记录本次的采购清单。明细表的典型特征是有多行数据，是一个二维表格，列表示"数据项"，行表示"记录"。一条记录就代表一个明细对象，而数据项就是明细对象的各种属性。当明细表含有多行数据时，表示含有多条记录。

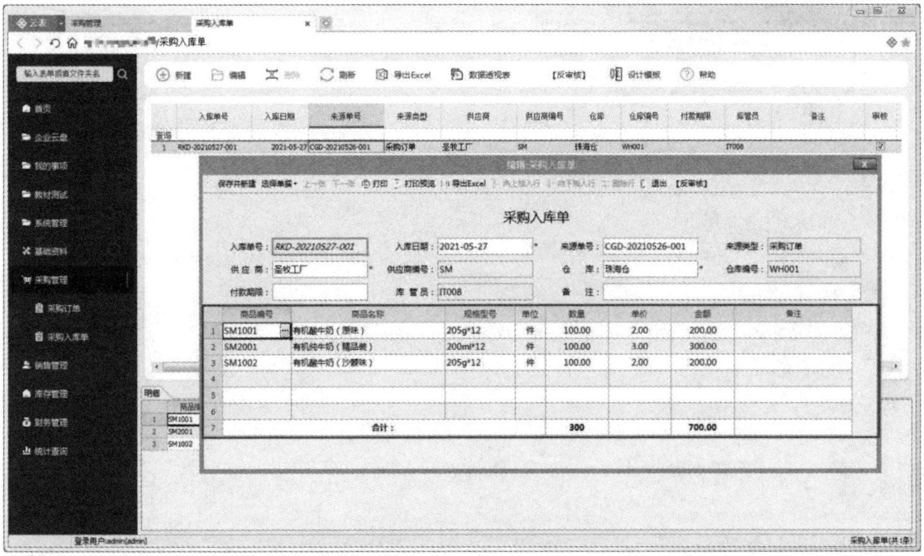

图 5-20 采购入库单

在明细表中可以进行插入、删除、修改操作。以明细表的形式整理出来的数据，不仅便于统计，还便于查看。一个表单中可以允许有多个明细表。

接下来以"采购入库单"为例来讲解如何定义明细表。

（1）新建"采购管理"文件夹，在其下新建一个名为"采购入库单"的模板。在新建模板时，选择"多表格-单明细表"模板样式。或者选择单击表格后，进入表单模板的设计界面，在[下面板]中添加表格（见图 5-21）。

（2）上面板、主面板、下面板在模板中对应的关系如图 5-22 所示。单击对应的表格，在右侧的任务栏中选中下方[布局]选项卡，会显示表格的相关属性，可以直接在这里修改表格的属性，如表格的名称、边距、背景颜色、标题等。

（3）将上面板的表格标题改为"基本信息"，将主面板的表格标题改为"采购入库单明细"，将下面板的表格标题改为"表格 3"。还可以选择是否显示表格的标题行、列，根据需要对表单的样式进行完善（见图 5-23）。

（4）设置明细表的标题有如下两种方式。

① 在明细表的任意区域单击鼠标右键，在弹出的快捷菜单中选择[行]→[设置表头]命令（见图 5-24），弹出[工作表设置]对话框。

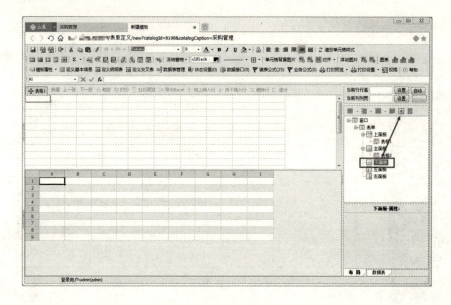

图 5-21　表单模板设计界面

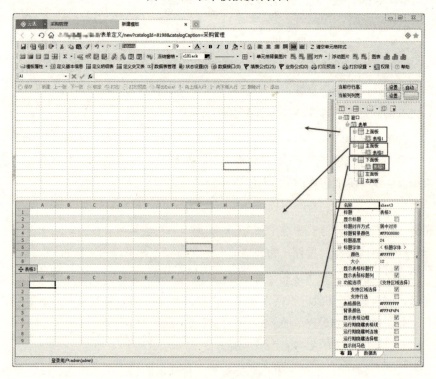

图 5-22　表单模板设计界面

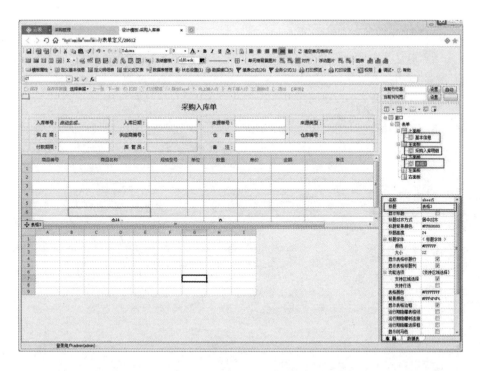

图 5-23　"采购入库单"表单模板设计界面

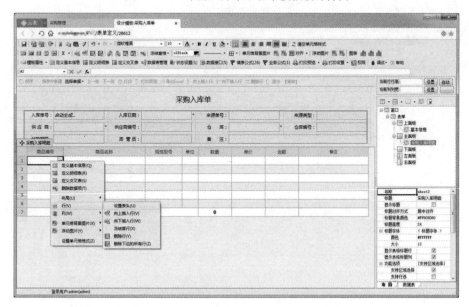

图 5-24　"采购入库单"表单模板设计界面

② 双击对应的标题进行修改。

（5）定义基本信息。采购入库单的基本信息如图 5-25 所示，显然上面是基本表，下面是明细表，但下面表中的合计栏也要定义成基本信息（见图 5-26）。读者可以思考一下这是为什么？

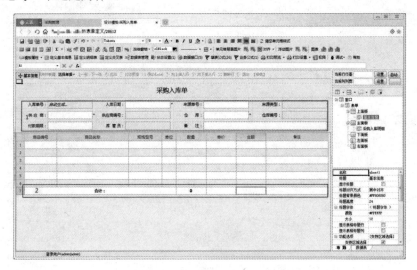

图 5-25 采购入库单的基本信息

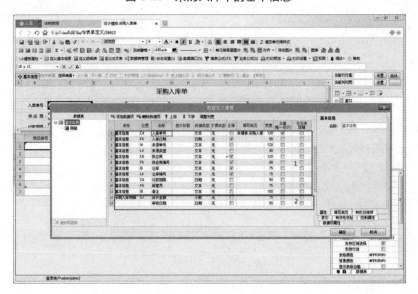

图 5-26 定义基本信息内容

（6）选中需要定义的明细区域，单击【定义明细表】按钮（见图 5-27）。

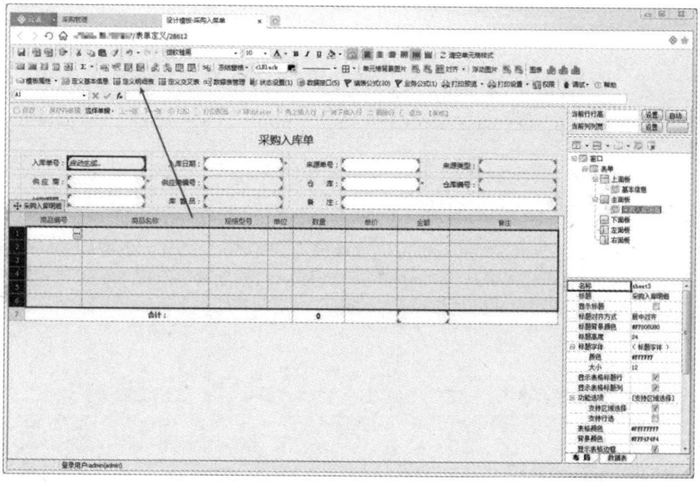

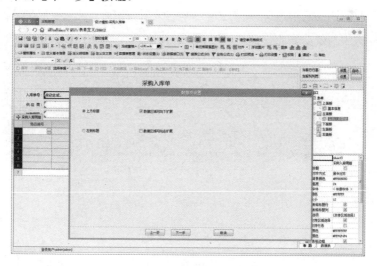

图 5-27 定义明细表

（7）弹出[数据项设置]对话框（见图 5-28）。当前默认标题在选中的数据区域的上面，单击【下一步】按钮。

图 5-28 [数据项设置]对话框

（8）给该新创建的明细表命名。可以保留默认名称，然后单击【下一步】按钮。

（9）对数据项设置做一下必要的参数调整（见图 5-29），默认勾选：数据区域可向下扩展，这是指明细数据条数超出时，自动延续，单击【完成】按钮。

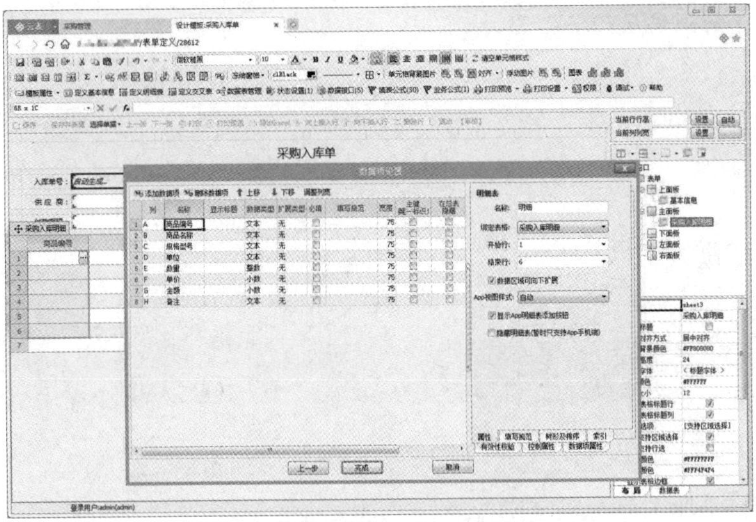

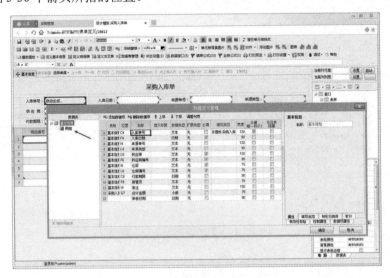

图 5-29　定义明细表数据项

（10）在定义数据项或者明细后，如果发现有些参数忘了修改，可以回到表单模板的设计界面，单击配置区域的【数据表管理】按钮进行修改。明细的修改可以单击图 5-30 中箭头所指的位置。

图 5-30　定义明细表数据类型

（11）定义好明细表之后，回到设计界面，查看定义的明细区域四周是否有红色框。若有，则表明定义数据项成功（见图 5-31）。

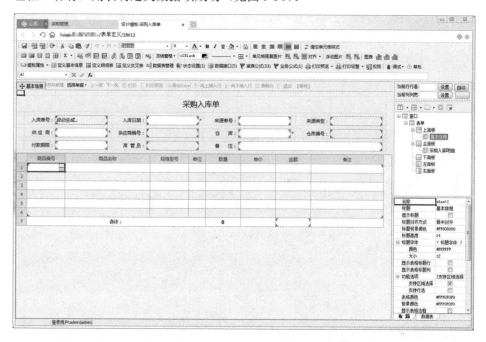

图 5-31 "采购入库单"表单模板设计界面

5.3

填写规范

为了使填报"采购入库单"表单更快、更精、更准，可以继续对"采购入库单"表单模板做如下改进。

（1）单据日期自动填上当前日期，不需要手动输入。

（2）每次填报新的表单时，让系统自动生成采购单号。

（3）"供应商名称"能够用下拉菜单选择，而不需要每次都输入。

以上需求可以由填写规范控制实现。什么是填写规范呢？将数据的输入过程进行简化和规范化的设置，均称为"填写规范"。也可以将填写规范理解成给指定数据项自动输入数据。数据来哪里呢？一般来自数据接口。云表中有5类数据接口，分别是系统变量、自动编号、下拉列表、列表选择、树形列表，都可以定义数据的格式并完成自动传输。填写规范与数据接口经常配合使用。

填写规范的设置，是在位于表单模板的设计界面中，单击【数据表管理】按钮，打开[数据项设置]对话框后即可看到（见图5-32）：

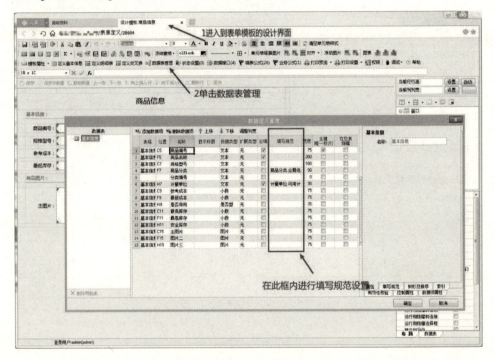

图 5-32　填写规范设置

填写规范一般要遵守"先定义，再关联"的原则。所谓定义，是指填写规范要先设计和声明；所谓"关联"，是指定数据项要使用哪个具体的填写规范，但"系统变量"除外。

5.4
总表的操作

同一模板产生的若干表单的列表清单称为总表，每新建一张表单，都会显示到总表中。在前面的学习中，"商品信息"表单模板在设计并保存后，在基础资料文件夹下会产生一个"商品信息"表单模板的图标。双击此图标，看到的界面就称为"总表"（见图 5-33）。总表相当于存放同一种档案的抽屉，所有由该模板生成的表单都会存放在总表中，总表中的列就是模板中定义的基本数据项。

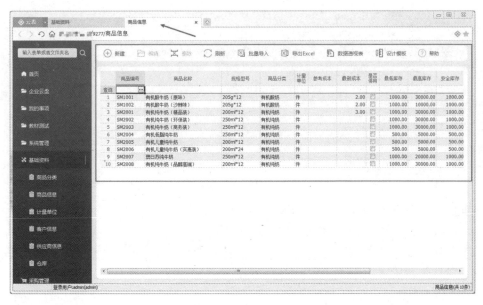

图 5-33 总表

在总表中有许多操作，便于用户查阅、管理数据信息。

5.4.1 利用总表管理表单

1.新建表单

单击【新建】按钮，在弹出的"商品信息"表单的界面中输入商品的相关数据后，单击【保存】按钮。回到"商品信息"总表界面，会发现产生了一条新数据。

2.编辑表单

单击需要编辑的数据行，然后单击【编辑】按钮或者直接双击需要编辑的数据行。进入编辑"商品信息"表单的界面，修改数据后，单击【保存】按钮。回到"商品信息"总表界面，查看对应数据行的数据是否发生改变。

3.删除表单

单击需要删除的数据行，让光标定位，然后单击【删除】按钮，或者在数据行上单击鼠标右键，在弹出的快捷菜单中选择[删除]命令。按住 Ctrl 键，可选择多条数据行，再单击【删除】按钮进行一次性删除。

4.筛选数据

进入"商品信息"总表界面，可以看到数据记录上面有一行空白行（见图 5-34），可实现单条件查询和多条件查询。

（1）在"商品分类"对应空白行的位置输入"酸奶"，按 Enter 键后，会自动筛选出"商品分类"为"酸奶"的商品。

（2）若想同时筛选出"商品分类"为"酸奶"和"纯牛奶"的商品，可以单击查询行中对应"商品分类"空白格右侧的【…】按钮，在[模糊查询]选项卡中输入"酸奶"和"纯牛奶"并单击【确定】按钮（见图 5-35）。

（3）若需要筛选参考成本为 5～10 元的商品，可以单击查询行中对应"参考成本"空白格右侧的【…】按钮，在[自定义筛选]选项卡中填入"大于或等于 5"和"小于或者等于 10"并单击【确定】按钮（见图 5-36）。

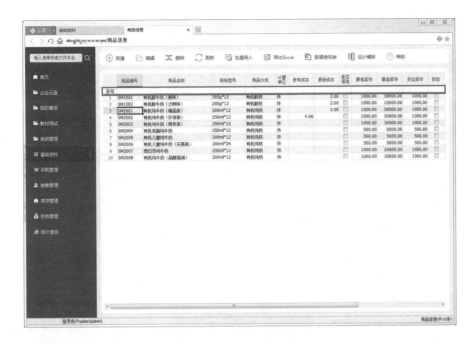

图 5-34 总表查询设置

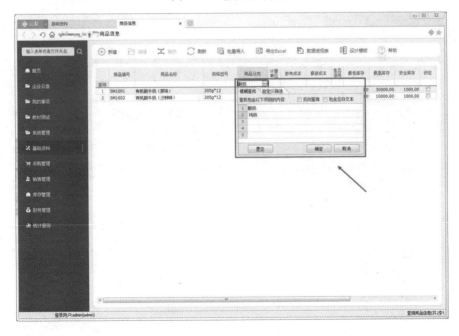

图 5-35 总表筛选设置界面

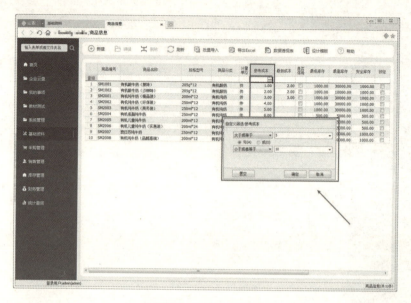

图 5-36　总表筛选设置

5．数据排序

（1）将鼠标光标移动到总表数据项的标题[参考成本]右侧，将出现一个三角按钮（见图 5-37）。

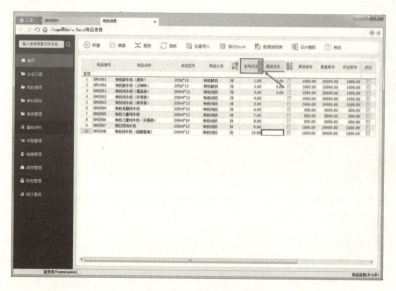

图 5-37　总表数据排序设置

（2）单击总表数据项标题的三角按钮变成倒三角，将商品根据"参考成本"从高到低的顺序进行排列。再次单击，排列顺序变为从低到高。

6. 拖动标题使标题显示顺序改变

在总表中选中要拖动的数据项所在的列，在标题上按住鼠标左键不动，拖动到目标位置。如图 5-38 所示，将[参考成本]拖动到[商品编号]前，改变标题的显示顺序。

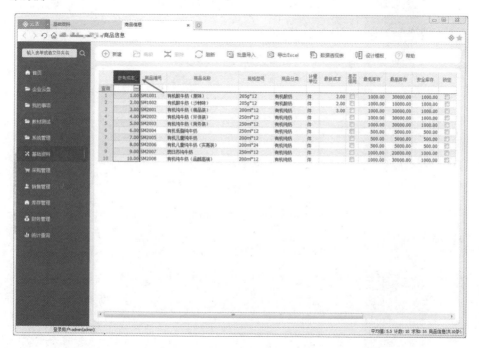

图 5-38　总表标题顺序设置

7. 设置列宽

设置总表中数据项列宽有如下两种方法。

第一种：在设计模板页面的"数据表管理"中修改，此修改为全局修改，改变所有用户在总表中显示数据项的列宽。

第二种：通过总表的列设置，可以改变总表中显示的数据项的宽度。此修改只作用于本客户端。下次打开后会与此次设置显示效果一致。

在总表中设置列宽的具体方法如下。

（1）如图 5-39 所示，在总表中任意一行表单数据处单击鼠标右键，在弹出的快捷菜单中选择[列设置]，弹出[列可视化设置]对话框，如图 5-40 所示。

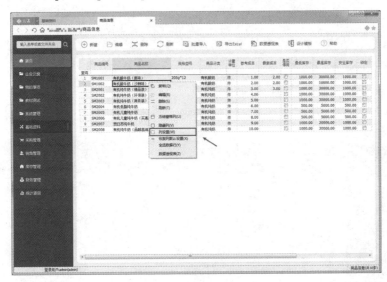

图 5-39　总表列宽设置

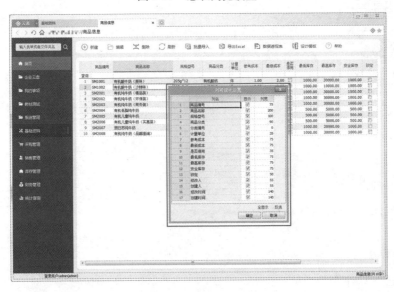

图 5-40　总表列可视化设置

（2）在[列可视化设置]对话框中，调整数据项的"列宽"即可，例如，将"商品编号"设置为 150。

（3）如图 5-41 所示，设置后，在总表中即可看到"商品编号"数据项的宽度改变了。

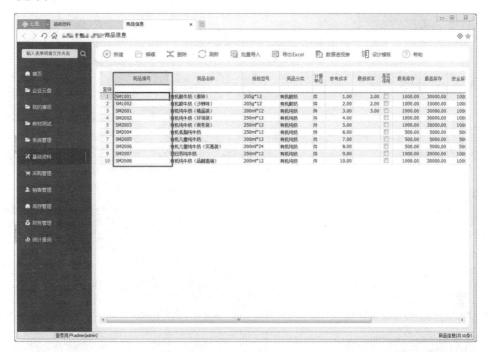

图 5-41　总表列宽设置

（4）对列宽尺寸没有精确要求时，也可以在总表中直接拖动数据项的右边框进行宽度调整。

8. 显示隐藏数据项

在总表中任意一行表单数据处单击鼠标右键，在弹出的快捷菜单中选择[列设置]命令，弹出[列可视化设置]窗口，在此对话框中选择是否选择数据项的"显示"即可。也可以在总表中任意一行表单数据处选择想隐藏的数据项，单击鼠标右键，在弹出的快捷菜单中选择[隐藏列]命令，即可直接隐藏。

9. 恢复默认设置

恢复列默认设置，可以将总表中的所有显示效果恢复到数据表管理中设置的总表状态，包括列的宽度、位置、显示和隐藏等。在总表中恢复默认设置的方法如下：在总表数据区域中任意处单击鼠标右键，在弹出的快捷菜单中选择[恢复列默认设置]即可。

5.4.2 利用模板属性设置总表

1. 显示明细表

在总表中查看数据时，默认不显示明细表数据，为了更方便地查阅和管理数据信息，并想同时看到此表单的明细表数据，可以在总表中设置显示明细表来实现。设置方法如下。

（1）如图 5-42 所示，选择含有明细表数据的"采购订单"表单模板，单击鼠标右键，在弹出的快捷菜单中选择[设计]命令，进入[采购订单]表单模板设计页面。

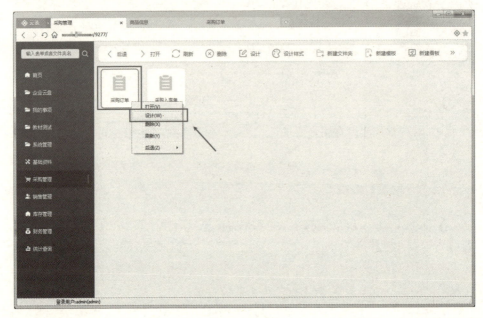

图 5-42 首页

（2）如图 5-43 所示，单击【模板属性】按钮，打开[模板属性]对话框，单击【总表设置】按钮，选择"显示明细数据"。

图 5-43 模板属性

（3）如图 5-44 所示，设置完毕，确定保存后返回到总表，单击某个含有明细的表单，即可在总表中查看表单中的明细数据。

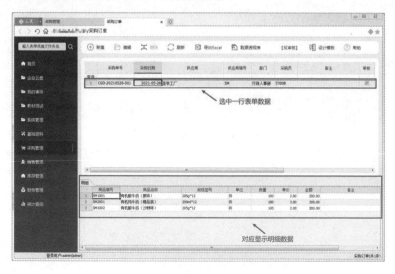

图 5-44 总表中的明细数据

2. 分页显示

分页显示是将总表中显示的数据记录分成若干页，每页显示固定数量表单，可以用上一页、下一页和直接输入页面来进行页面跳转。

刚打开总表时，会默认显示 200 行表单记录，当把滚动条向下拖动到最后一行时，云表企业浏览器会自动向服务器请求加载下一页数据。这样做的好处是可以减少服务器压力，加快总表打开的速度。

具体操作方法如下。

（1）如图 5-45 所示，在"商品信息"表单模板的设计界面，单击工具栏的【模板属性】按钮，打开[模板属性]对话框。

图 5-45　[模板属性]对话框

（2）如图 5-46 所示，选择总表设置选项卡，设置总表的分页设置。

首次加载行数：打开模板时，总表中显示多少张表单。

动态加载行数：滚动到总表底部时，继续加载多少张表单。

图 5-46 模板属性总表设置

如图 5-47 和图 5-48 所示，选择显示分页工具栏后，就可以显示分页工具栏。

图 5-47 分页工具栏

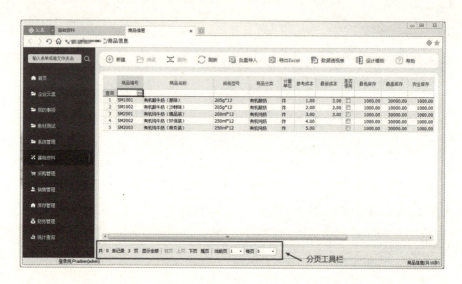

图 5-48　总表

3. 显示表单图片

当表单中有图片类型的数据项，并且设置了在总表中显示该数据项时，总表中将会以缩略图的形式显示图片内容，可以显示一张图片，也可以显示多张图片（见图 5-49）。

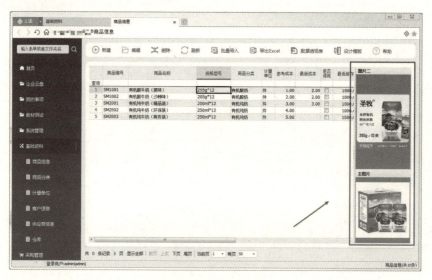

图 5-49　缩略图显示

设置方法如下。

如图 5-50 所示，进入"商品信息"表单模板的设计界面，单击【模板属性】按钮，选择[总表设置]，再选择[缩略图]。在"缩略图列表"中添加要在总表中显示的图片数据项（想显示哪个就可以选择哪个，可以添加多个图片数据项）。

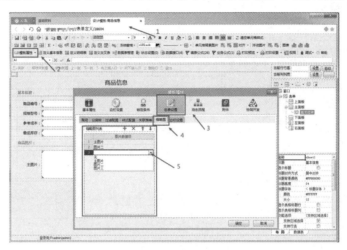

图 5-50　缩略图显示设置

如果选择错误，可以单击"缩略图列表"后面的"×"进行删除。设置完成后，单击【确定】按钮，并保存模板。在总表中选中要查看的表单，即可在右侧显示该表单图片数据项的缩略图（见图 5-51）。

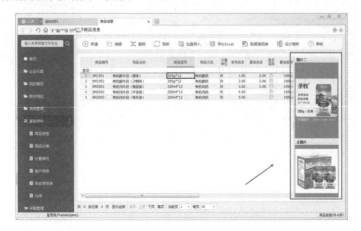

图 5-51　缩略图显示

思考与练习

1. 设计图 5-52 所示的"供应商信息"模板。

图 5-52 "供应商信息"模板样式

2. 设计图 5-53 所示的"采购订单"模板。

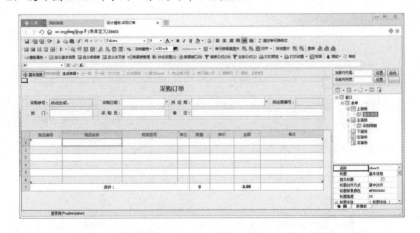

图 5-53 "采购订单"模板样式

3. 设计图 5-54 所示的"采购入库单"模板。

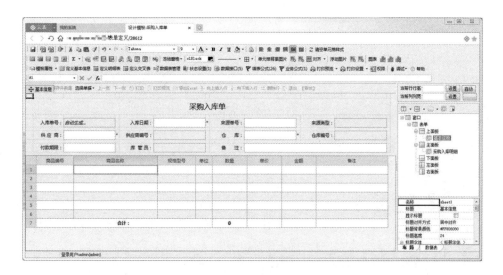

图 5-54 "采购入库单"模板样式

4. 设计一个个人简历模板，样式自定义，内容需包含工号、员工姓名、部门、入职日期、联系电话、身份证号码等。

5. 将以上设计的商品信息、供应商信息、采购订单、采购入库订单等表单模板的数据项，按照自己的需要完成定义，同时每个表单模板中录入至少 10 条对应数据。

6. 根据课程内容进行实际操作练习，通过练习查看每种总表设置实现的效果。

第6章

组织机构、用户、权限设置

为了管理的需要，企业等组织会将一个大的机构划分成多个子机构，子机构还会被划分为更小的机构，构成一个树形的管理结构。例如，本书第3章案例中李小明供职的贸易公司，下属机构就有财务部、业务部、行政人事部、仓库等。

在云表中，可以很容易地还原出这种树形的组织管理结构，它是采用部门与子部门的方式来建立这种层级关系的。每个部门都有3个重要的描述属性：部门编号、部门名称、上级部门。

部门编号：为了系统管理的需要，云表为每个部门指定编号，在整个组织机构树中，每个部门的编号都是唯一的。

部门名称：隶属于同一个上级部门的部门名称不能相同，但如果属于不同的上级部门，名称允许相同。例如，两个不同的子公司中都有销售部。

上级部门：指定该部门的上级部门。

云表中设立组织机构时，还有个分支机构的概念，这是用来表示该部门是否作为一个独立的机构存在，如子公司、分公司等。之所以要区分是分支机构还是部门，是因为在云表内部对表单的访问策略中，对部门和分支机构的处理方式是不同的。

6

6.1

部门的操作

在左侧导航栏中依次展开[系统管理]→[组织权限]→[组织机构]（见图 6-1）。

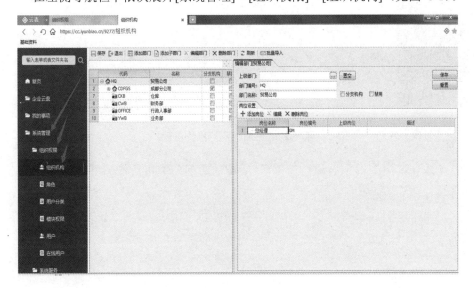

图 6-1　"组织机构"配置界面

通过上方工具栏的【添加部门】、【添加子部门】、【编辑部门】和【删除部门】，即可实现对部门的修改。

1. 添加部门

以图 6-2 为例，如需在业务部下面添加采购部门，操作如下。

单击工具栏的【添加部门】按钮，在右边编辑部门区域单击[上级部门]右侧的

【…】按钮，在弹出的对话框中选择"业务部"。自定义[部门编号]，[部门名称]填写采购部，单击【保存】按钮。

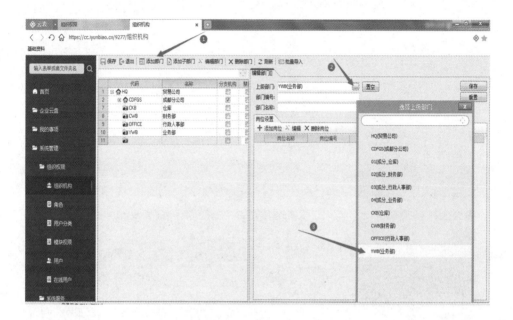

图 6-2 【添加部门】操作画面

【添加部门】用于添加同级部门，【添加子部门】用于添加下级部门，操作类似。

在部门属性窗口有一个"岗位设置"标签页，用来为部门添加岗位，一个部门中可以有多个岗位，岗位的概念和具体用途请参见本章后文。

2. 删除部门

选中左侧部门树中需要删除的部门，单击工具栏中的【删除部门】按钮即可。

3. 修改部门

选择左侧部门树中需要修改的部门，直接修改右侧的部门属性窗口的属性，修改完后单击【保存】。

6.2

岗位的概念与相关操作

　　岗位可以理解成是比部门更小一级的组织机构，类似于办公室中固定化的桌椅，有经理坐的，有秘书坐的。谁坐在哪把椅子上，谁就拥有了这把椅子对应的岗位角色和相应的权限。角色和权限是赋予岗位的，而不是赋予具体某个人的，这样管理起来比较方便。

　　企业的组织架构、岗位职权都是预先设计好的，不会轻易发生变化，容易变动的是人事，有旧人离开，有新人加入，或者在企业内部调动，这些变化实质上只是人在不同的岗位之间跳动，岗位本身没有发生任何变化。例如，小王从业务员升为业务经理，形式上他就从公共办公区域搬到了经理室，代表着他的岗位发生了变化，以及由岗位带来的责权利的变化。

　　再如，小张原本担任开发一部经理，公司要拓展新的业务，成立了开发二部，把小张调任开发二部任经理。当新人来时，只需指定新人到具体的岗位上即可。这些情况都是人员在流动，岗位本身没有发生任何变化，依照这样的原理建立起来的信息化系统，在处理人事权限时，才会更加轻松、灵活，不容易出错。

1. 添加岗位

　　在图 6-2 所示的左侧部门树中，选择某个部门，单击右侧属性窗口中的【添加岗位】按钮。在弹出的对话框中输入该岗位的名称、上级、描述。如果一个岗位需要扮演多个角色，可以在【角色】选项卡中添加角色，则隶属该岗位的所有员工都会扮演【角色】选项卡下指定的所有角色。

2. 删除岗位

选中右侧部门属性窗口下的岗位，单击工具栏中的【删除岗位】按钮即可。

3. 修改岗位

选中右侧部门属性窗口下的岗位，单击工具栏的【编辑】按钮。

6.3

角色的概念与操作

在云表中，角色是代表一组权限的集合，如"仓库管理员"角色拥有对"入库单""出库单"新增、修改的权限。如果给用户赋予了某个角色，该用户就拥有了该角色的相关权限。

在云表中给某个用户分配权限，一般需要以下 3 个步骤。

（1）在角色总表中添加一个角色类别。

（2）为具体的表单模板指定某角色拥有的操作权限（包括新增表单、删除表单、修改表单、批量导入、打印等）。

（3）给用户赋予某个或多个角色。

1. 角色总表

在图 6-3 所示的页面中，在左侧目录树中展开[系统管理] →[组织权限] →[角色]菜单项，可以打开角色的总表。

角色总表中包含两类角色：一是系统预设角色 ，二是用户自定义角色。其中系统预设角色是由云表系统内置生成的，不允许修改和删除。

图 6-3　角色总表

2. 系统预设角色

administrator：超级管理员。系统的最大权限者，拥有设计权限和对表单等的所有操作权限。

departmentAdmin：部门管理员。可以针对本部门增删查改组织机构，也可以给本部门增删查改用户，还可以给用户添加角色，但仅限于部门管理员自身拥有的角色列表。

developer：系统开发员。可以设计模板等，但是看不到比他权限更高的用户，也无法添加比他权限高的角色。

其他系统预设角色还有很多，随着对云表的逐渐熟悉，大家可以体会其权限，在此仅作了解。

3. 用户自定义角色

如图 6-4 所示，单击工具栏中的【新建】按钮，在弹出的对话框中输入角色的名称和说明，单击【确定】按钮，即可新建一个用户自定义的角色。

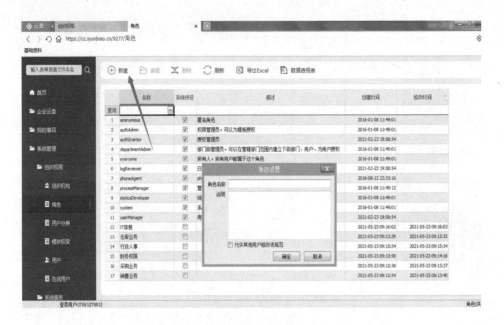

图 6-4 【新建】角色对话框

6.4

模板权限

在设计表单模板时，为了控制在正常使用过程中谁可以新建表单、修改表单、删除表单，可以为模板添加不同角色，并为每个角色指定拥有该模板的权限。

1. 设置模板权限

（1）批量设置模板权限。在左侧导航栏中展开[系统管理] →[组织权限] →[模块权限]，在[模板权限]对话框打开模板所在的文件夹，在右侧窗口双击需要设置权限的模板。这里以[采购入库单]模板为例，如图 6-5 所示。

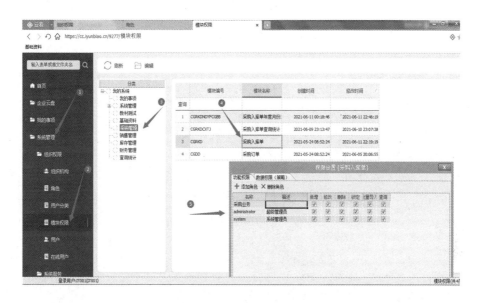

图 6-5 设置模板权限

（2）设置单个模板权限。打开这个模板，单击工具栏上的【权限】按钮，如图 6-6 所示。

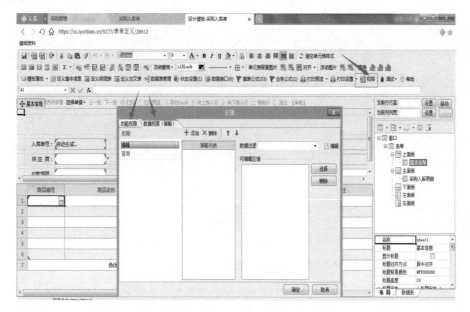

图 6-6 "数据权限"对话框

[功能权限]选项卡控制的是对模板本身的操作，用来指定角色对模板的增、删、改、查及锁定功能权限的设定。

[数据权限]选项卡，也称[策略]选项卡，控制的是对数据项的权限。如设置某一个角色对[采购入库单]模板下的哪些数据项，具有查询和编辑权限。在[策略列表]中添加角色，在[数据过滤]中设置应用当前角色数据过滤条件，在[隐藏区域]设置当前角色要隐藏的数据项。

例如，需要设置角色为"业务跟单员"的用户，只能查询该用户自己填报的表单，并且在该表单中对该用户隐藏相应字段，如图6-7和图6-8所示。

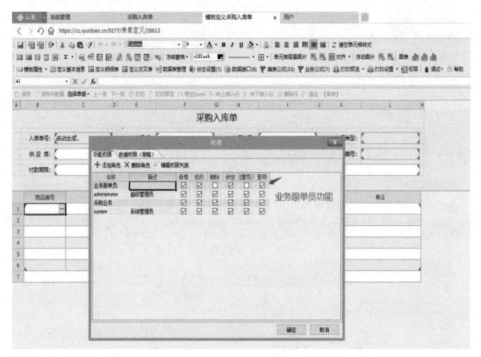

图6-7　功能权限设置窗口

上面限定了角色为"业务跟单员"的某账户，他只能查看本人填报的采购入库单，并隐藏了"付款期限"和"单价"数据项。如图6-9所示。

在实际工作中，还可以通过数据过滤的【编辑】进行进一步的数据项过滤。这里引入了一个表达式概念，通过表达式"本模板.库管员=系统变量.当前用户姓名　并且（本模板.审核=常量.否或者本模板.审核=常量.空）"，可以更精准地对数据项进行处理，如图 6-10 所示。

图 6-8 数据权限设置

图 6-9 权限设置效果页面

图 6-10 "数据权限表达式"编辑界面

2．给用户添加角色

在[用户]的总表中双击打开需要设置角色的用户，在弹出的[用户信息]对话框中切换到[角色权限]选项卡，单击【添加】按钮，即可给用户设置角色（见图 6-11）。

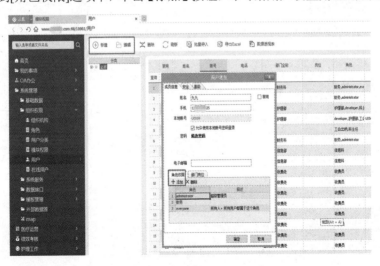

图 6-11 "新建"用户对话框

6.5

岗位与角色的区别

对初学云表的人员来说，岗位和角色是比较容易混淆的两个概念。我们继续梳理一下，帮助大家更好地理解和使用云表。角色的本质是若干种权限，给用户赋予某种角色，就意味着赋予用户操作某些表单的权限。既可以直接给用户赋予某种角色来传递权限，也可以先将若干角色打包到某个岗位，然后将这个岗位关联给用户，此时岗位的作用相当于将很多角色打包，形成一个整体。在云表中，岗位往往针对整体组织架构进行规划，而角色往往是针对单个模板进行限定的。

换句话说，角色往往是由系统开发者设计的，而岗位则是根据每个不同企业组织架构来设定的。角色通过权限与业务模板进行关联，一个岗位可以赋予多个角色，所以，云表在导出模板库时，只导出角色，不导出组织机构岗位和用户。

在用云表进行管理系统的搭建时，初学者经常会给角色和岗位取相同的名称，例如，角色命名为销售经理，岗位也命名为销售经理，这种做法会增加理解上的困惑。将角色和岗位重复建立的原因主要有如下两种。

（1）企业组织规模比较小，这种情况建议直接使用角色进行权限管理，不要使用岗位。

（2）角色和岗位的划分粒度没有区分开，在实际应用中，角色一般划分得细一些，岗位划分粒度粗一些，一个岗位可以聚合多个角色。这样，虽然对前期权限规划的要求会高一些，但后期维护起来就方便很多。

建议以能够执行的操作对角色进行命名，如出入库单录入员、出入库单审核员、采购订单录入员等。岗位则多以企业实际的岗位职位进行命名，如仓库管理员、仓库主管、采购文员、采购部经理等。采购部经理可以同时拥有采购订单录入员、采购订单审核员的角色。这样就把角色和岗位从不同层次上做了很好的区隔。当岗位职责发生变化时，只要调整岗位分配的角色即可。

思考与练习

1. 假设李小明的公司在成都成立了分公司，分公司的组织架构与总公司相同，请构建出完整的企业组织。

2. 以采购订单为例，通过表单权限设置，设置只能填报、查询本部门的表单。

3. 业务部有孙经理、郑经理，采购部有张三、李四、王五，在系统中设置这几个人的岗位和角色。

第7章

流程审核

在企业经营管理中，许多工作需要部门领导审批同意后，才能继续往下执行。这种审批流程多是下属填写相应的表单，提出申请，领导在表单上签署审核意见。比如，最常见的请假，需要填写请假表单，领导在请假条上签署同意后，请假人方可离岗。再如，报销差旅费时，需要直接领导审批，总经理审批，财务审批签字后，在出纳处才能领取到报销费用。

这种流程管理在云表中实现的方法有很多种。先来看一下比较简单的实现方式。

7

7.1

简易工作流

以单位请假流程为例，在云表中设置方式如下。

在模板设计状态下单击【模板属性】按钮（见图 7-1）。

图 7-1 【模板属性】按钮

接着，单击【动态流程】按钮（见图 7-2）。

图 7-2 【动态流程】界面

（1）填写摘要：单击[摘要]右侧的三点按钮，弹出[表达式编辑器]对话框。在请假流程中，假设需要告诉审批人，谁要请几天假，从哪一天开始，那么，摘要的表达式如图 7-3 所示。

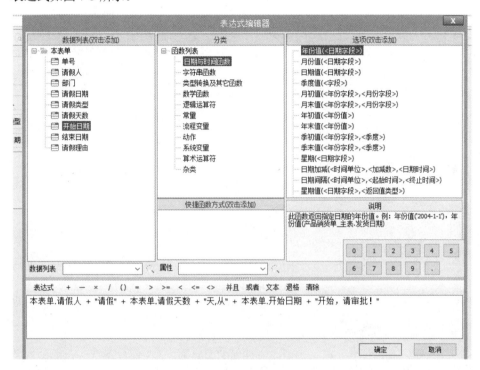

图 7-3 请假表达式

（2）开始流程按钮标题：指在未开启流程前，表单中触发流程按钮的显示名称。

（3）完成任务按钮标题：指在工作流流转过程中，表单中触发流程按钮的显示名称。

在自由流程中，如填写了开始流程按钮标题和完成任务按钮标题，表单中显示为填写的标题。若两个按钮标题均无，则启动流程时，按钮名称显示为"发送给"，流转中按钮名称显示为"审批"。

在固定流程中，开始和完成流程按钮的标题如果没有设置，则显示任务的标题，如果任务标题为空，则取工作流的完成按钮标题，如果还为空，则显示"审批"。

勾选[流程结束后自动锁定该表单]复选框，流程结束后，该表单即被锁定。表单不能执行任何编辑和填表公式，如需要编辑，则可通过业务公式来执行。

（4）用户数据源：用户数据源用来选择流程执行人的列表。用户数据源可以根据流程需要进行设置。例如，可以设置只要是经理岗位的人都可以审核，则用户数据源可以选择岗位列表（见图7-4）。

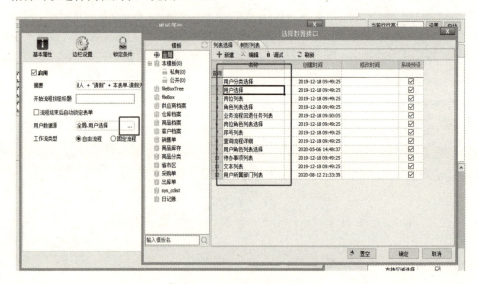

图 7-4 用户数据源选择

用户数据源有两种设定方式。

第一种：自由流程，在执行工作流过程中添加执行人。流程执行时会弹出对话框，要求添加执行人，这里选择的就是用户数据源中的用户（见图7-5）。

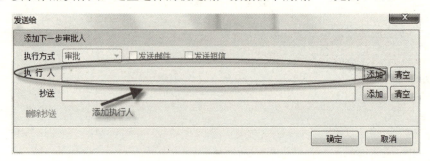

图 7-5 添加审批执行人

第二种：固定流程，在编辑表单页面先将执行人的角色设定好（见图7-6）。执行人数据项为模板中的数据项，这种方式较少使用。

图 7-6 执行人角色设定

因为在表单中已经选好了流程要流转的用户，所以，直接单击【确认】按钮即可（这个用在固定流程中很方便）（见图 7-7）。

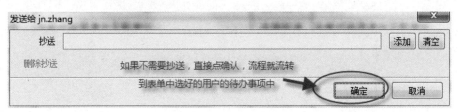

图 7-7 流程流转对话框

（5）**发送短信提醒**：在指定了下一个流程的用户后，会短信提醒该用户。勾选该复选框后，每发一条短信，将收取一定费用。

（6）**发送邮件提醒**：在指定了下一个流程的用户后，会邮件提醒该用户（见图 7-8）。

注意：在用户表中填写正确的手机号码和邮箱地址，用户才会收到短信和邮件提醒。

图 7-8 动态流程设置画面

选择自由流程，是直接选择执行方式后，整个简易流程的设置就完成了。使用者可以在用户数据列表中任意选择流程的下一位执行人。

选择固定流程，则需要填写每一步任务的名称、执行人、执行方式。执行人数据项设置得越细致，使用者的操作就越简单（见图 7-9）。

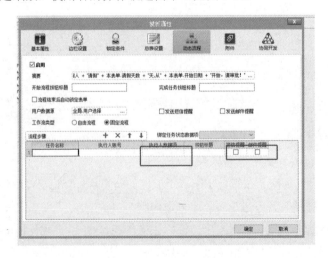

图 7-9 固定流程选择

（7）**执行方式**：分审批和会签两种。审批指每次由单个人审批，审核同意即可流转到下一审批人。会签指多人同时审批，满足条件后，才能流转到下一个审核环节。

在图 7-9 中勾选[启用]项后，本表单的流程设置才会奏效。

7.2
业务流程

在实际操作中，配置更灵活、用户体验度更舒适的是采用业务流程。下面以员工填写请假单，并递交给领导审批为例。

1. 新建请假条模板

新建一张图 7-10 所示的模板，并给审批人数据项添加数据规范（见图 7-11），用于方便用户选择审批人。

图 7-10　请假条模板

2. 新建业务流程

单击工具栏中的【新建流程】按钮，新建一个工作流（见图 7-12）。

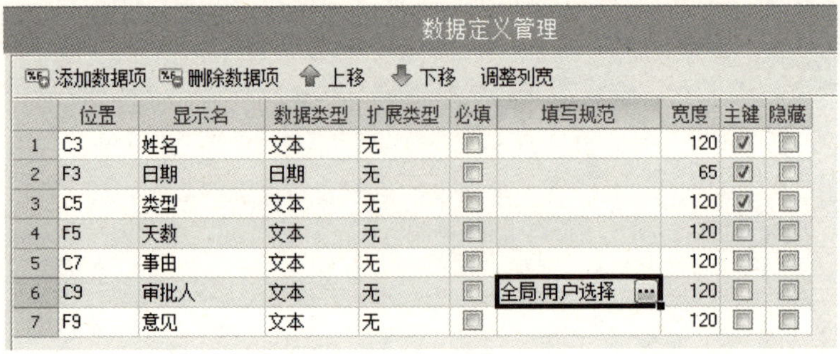

图 7-11 数据项定义

图 7-12 工具条

（1）单击工具栏中的【开始】按钮，开始设计工作流。流程设计工具标识如图 7-13 所示。

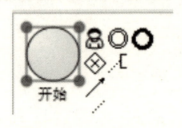

图 7-13 流程设计工具标识

① 单击[开始]图标，出现图 7-14 所示的界面，小人代表添加任务，实线黑圈代表结束流程，虚线白圈代表开始，菱形代表判断，箭头代表连接，括号代表注释。

图 7-14 图标

② 选中[开始]图标，在右侧的属性对话框中设置工作流的名称、保存目录、流程开始模板即可（见图 7-15）。

图 7-15 流程开始模板设置

（2）选中[任务]图标（见图 7-16），在右侧的对话框中设置执行人（见图 7-17）。

图 7-16 请假流程图

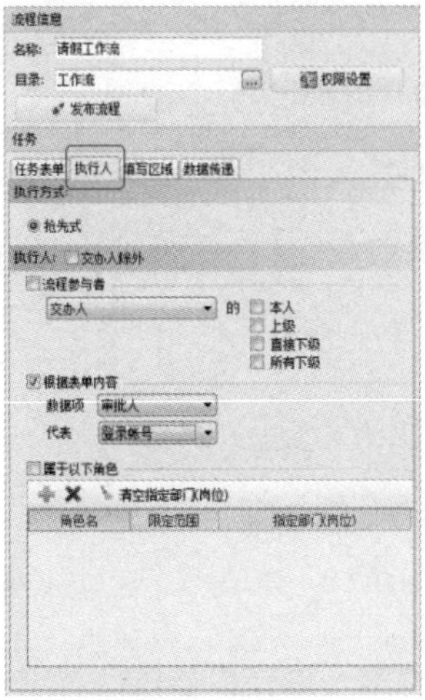

图 7-17 流程执行人设置

① 执行人说明:

· 交办人除外:流程不能传回给交办人自己处理。

· 流程参与者:流程根据组织机构的上下级关系设计,需要事先在组织结构中指定用户所属岗位的上下级关系。

· 根据表单内容:【数据项】用来指定流程的下一个表单接收者,[代表]用来说明[数据项]的内容的具体作用,即[数据项]填写的内容用来指定用户名、登录账号还是角色。

· 属于以下角色:通过角色和部门来限定流程的执行人。

② 在任务图标的属性窗口中,切换到[填写区域]选项卡,勾选[意见]数据项的编辑复选框,即意味着允许审批人填写[意见]数据项。如果审批人不止一人,第一审核人没有填写意见,则流程不会流转到第二审核人(见图7-18)。

图 7-18 表单[填写区域]设置

(3)最后,单击工具栏中的【保存】按钮,并单击属性窗口中的【发布流程】按钮,即可完成工作流的设置(见图7-19)。

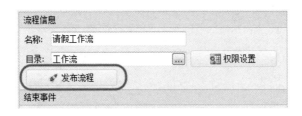

图 7-19 【发布流程】按钮

3. 执行流程

（1）假设以登录库管员小龙的账号新建一张请假条，并选择仓库主管 dick 为审核人，保存后单击【启动请假工作流】按钮，启动审批流程（见图 7-20）。

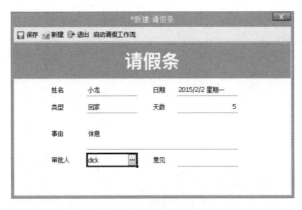

图 7-20 请假流程启动界面

（2）仓库主管 dick 登录其账号，在系统的导航目录单击[待办事项]，即可看到小龙的请假工作流（见图 7-21）。

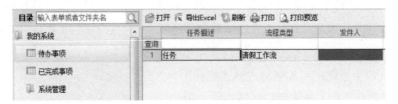

图 7-21 执行人查找[待办事项]界面

（3）双击打开这条待办事项，审批人 dick 在请假单上填上审批意见，并单击【完成】按钮，结束审批流程（见图 7-22）。

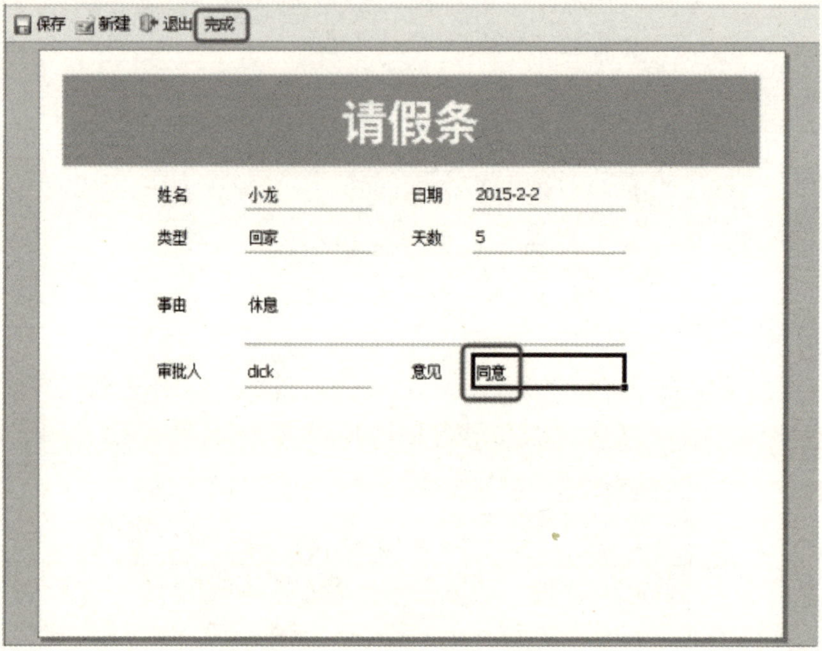

图 7-22　流程结束界面

关于流程配置的说明。

（1）待办消息推送方式。

短信通知：在指定了下一个流程的用户后会短信提醒该用户。勾选该复选框后，每发一条短信，将收取一定费用。

邮件通知：在指定了下一个流程的用户后，会邮件提醒该用户。

注意：只有在用户表中填写正确的手机号码和邮箱地址，用户才会收到短信和邮件提醒。

微信公众号推送、企业微信通知和钉钉通知：均需要分别绑定微信公众号、企业微信和钉钉。具体绑定方法登录云表官方网站查询帮助。

App 消息推送：手机端的 App 内提醒用户（见图 7-23）。

（2）执行类型：分审批和会签两种。审批指每次单个人审批，审核同意后转到下一环节。会签指多人同时审批，根据结束条件流转到下一个审核环节。

（3）业务流程设计完毕后，必须单击【发布流程】按钮，否则对应的模板表单不会出现该流程的按钮。更改已有业务流程后，也需要单击【发布流程】按钮，否则表单不会执行最新流程。

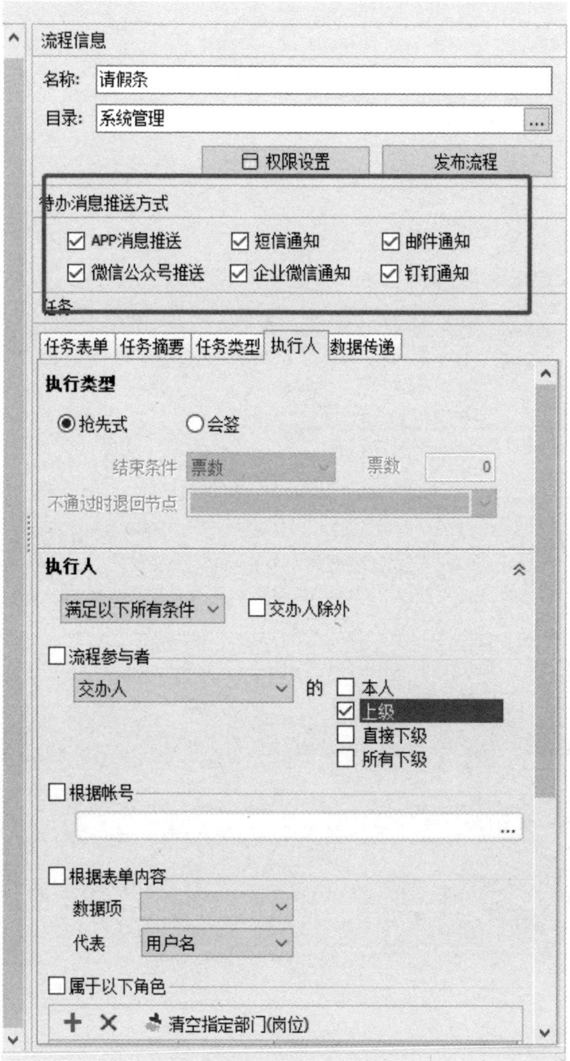

图 7-23　消息推送设置

在设计表单和业务流程时，如果一边设计一边调试，这些调试数据与企业的运营数据混杂在一起，可能会给使用者带来不便。可按照图 7-24 所示的方式设置表单，使用者可以删除正在流程中或已完成流程的单据。

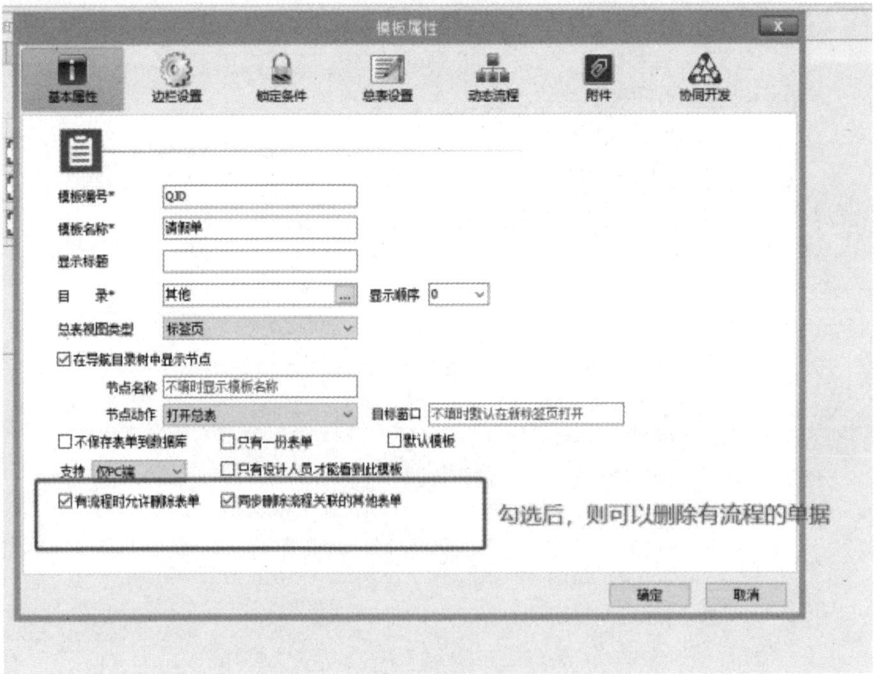

图 7-24　模板属性界面

思考与练习

　　采购部的张三填写了采购订单，需要业务部孙经理审批，请在云表中实现此流程。

第 8 章

数据接口

数据接口、业务公式、填表公式是云表的三大核心。数据接口的概念，大家可类比 VCD 后端的视频输出、音频输出接口，是专门用来输出指定数据的。只要匹配好，不同的设备之间（如 VCD 连接电视机播放）就可以数据互通。它的作用是从指定模板的总表中查询出表单数据。

在云表中，数据是在模板之间流动的。通过在模板中建立数据接口对外提供数据，接收数据的表单模板通过填写规范、填表公式、业务公式调用数据接口。哪个模板向外输出数据，那么这个模板就要提供数据接口；哪个模板使用数据，那么它就要调用本身或其他模板的数据接口。

8

8.1
认识数据接口

数据接口有 5 种类型，分别是自动编号、下拉列表、列表选择、树形列表和系统变量接口，如图 8-1 所示。

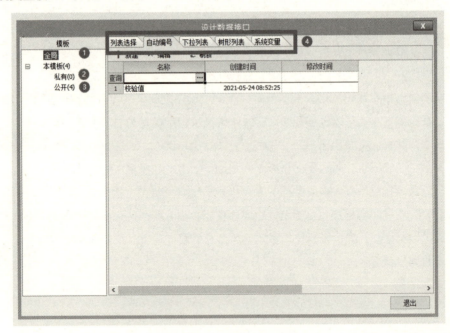

图 8-1　数据接口类型

① 全局：包含系统预设的数据接口，不属于任何一个单独的模板。外部数据源的数据接口多为全局的。

② 私有：私有的数据接口，只能在本模板里调用，如常用的自动编号。

③ 公开：可以被其他表单和自己调用的数据接口。

8.1.1 自动编号

日常人们填写单据时，常常需要给单据从 1 开始按顺序编号，例如，在涉及学号、工号、商品代码、座位号、车牌号等的表格中，表单编号是很常见的数据项，人工输入编号容易出错，自动编号接口会自动产生具有标识性的唯一编号，从而避免手工输入错误。

自动编号由一组含有指定规则的编码组成，包含固定的部分和不固定的部分。下面举例说明自动编号接口的设计（见图 8-2）。

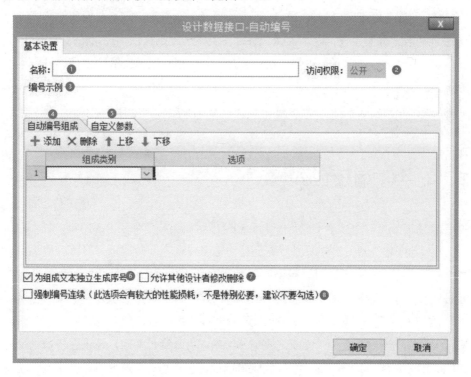

图 8-2 自动编号设计

① 名称：数据接口取名最好能望文生义，以便于后期调用，如采购单编号、入库单编号等。在一个管理系统中，数据接口很多时，合适的名称便于我们直观地区分数据接口的用途。

② 访问权限：这里可以选择数据接口是私有的还是公开的。

③ 编号示例：当设置好自动编号的组成架构后，会在此处通过编号示例直观预览。

④ 自动编号组成：在此处设计编号的组成结构。在云表中可以设置顺序号位数、固定文字、日期变量、系统变量及自定义参数，参见 8.1.2 节。

⑤ 自定义参数：参见 8.1.3 节。

⑥ 为组成文本独立生成序号：在自动编号中若已经设置了日期变量和顺序号位数，如需要让自动编号中的顺序号位数随日期的变化而进行重置，这时就需要勾选此复选框；若未勾选，则自动编号，顺序号位数会一直累计叠加。

⑦ 允许其他设计者修改删除：当设计好一个数据接口，不希望其他协同设计者进行修改，只能由设计者本人修改时，不要勾选此复选框。

⑧ 强制编号连续：在进行自动编号时，若希望有些单据的顺序号连续，不出现缺号、断号现象，就需要勾选此复选框。强制编号连续会消耗服务器的部分性能，所以，在非必要强制性编号连续的情况下，不要勾选此复选框。

8.1.2 自动编号组成设置

自动编号接口最主要的操作是设计编号的组成结构，如图 8-3 所示。

① 顺序号位数：自动编号原本就是为每个单据生成的流水号，所以最不可或缺的是数字序号模块。为了让每个流水序号长度一样，常在不够位数的编号前面加 0 进行补充，这样就生成了类似于"0001、0002、0003、…、9999"的编号。

这需要规定序号位数。在选择组成类别中，"顺序号位数"选项处填写"3"，则会从 001 开始往后编号，如果编号达到 999，仍未满足需求，系统会自动进阶为 1000，然后继续往后编号。所以，设定时，最好先预想最大顺序号，以保证自动编号的整个长度一致。自动编号的顺序号位数，经常配合面板下方的选项"为组成文本独立生成序号"和"强制编号连续"进行。

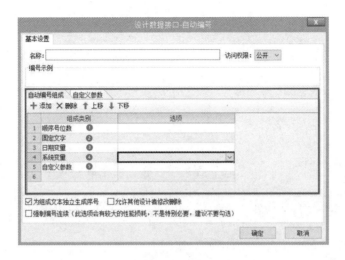

图 8-3　自动编号组成设置

② 固定文字：在实际应用编号时，在数字顺序号前经常使用固定的前缀，用于区分不同的表单模板。模板的自动编号设置了固定文字后，每当新增表单时，自动编号中的固定文字部分不会改变。例如，入库单编号前缀可固定为 RKD。

③ 日期变量：如希望在编号中加入当日日期，只需要将组成部分类别设为"日期变量"，例如，入库单编号中间加了日期变量"YYYYMM"后可以表示为RKD-202106-0001、RKD-202106-0002、RKD-202106-0003……

④ 系统变量：如果希望用系统的某些参数作为自动编号的元素，可以将组成类别设置为系统变量。常用的系统变量如当前日期、当前日期时间、当前时间、当前用户姓名、当前用户登录账号等。

8.1.3　自定义参数设置

自定义参数，顾名思义就是用户自己定义一类数据作为参数。在设计带有自定义参数的自动编号时，首先需要创建参数，之后引用该数据接口时，才能设置并接收用户需要的参数值（见图 8-4）。

在实际应用中，我们希望在单号中带上含有所属类别的编号，这时，只要设置自定义参数中的相关参数名、数据类型、是否必填及默认值，然后回到[自动编号组成]选项卡中，在[组成类别]中选择[自定义参数]选项，选择刚刚所添加的自定义参数的字段，便可以快速在自动编号中编入所属类别的编号（见图8-5）。

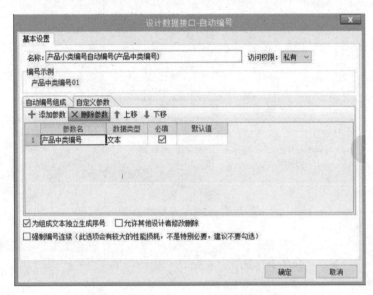

图 8-4 [自定义参数]设置

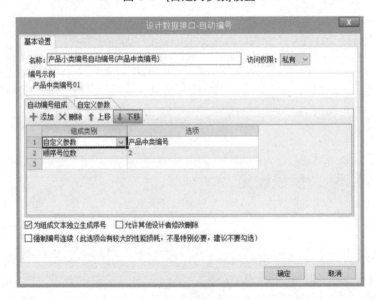

图 8-5 [自动编号组成]设置

8.1.4　自动编号实例展示

例 1　商品自动编号（见图 8-6）。

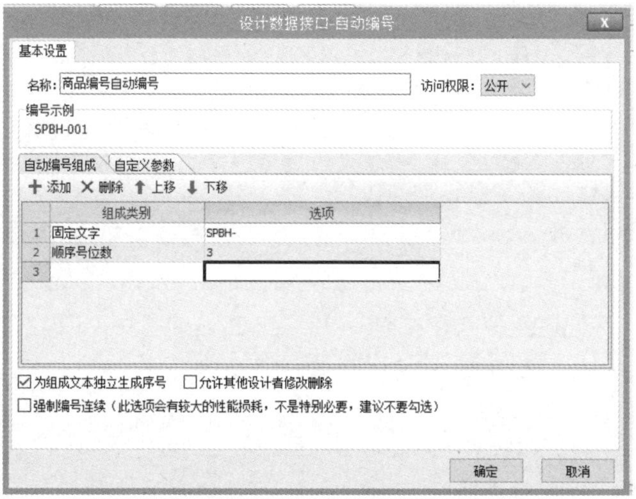

图 8-6　商品自动编号

例 2　带自定义参数的自动编号（见图 8-7、图 8-8）。

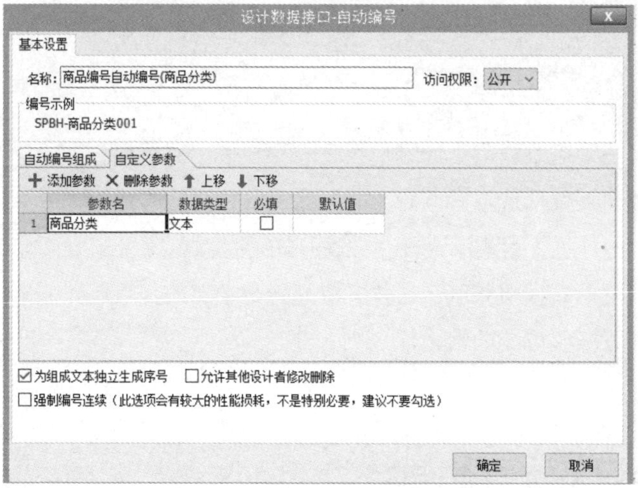

图 8-7　带参数商品自动编号

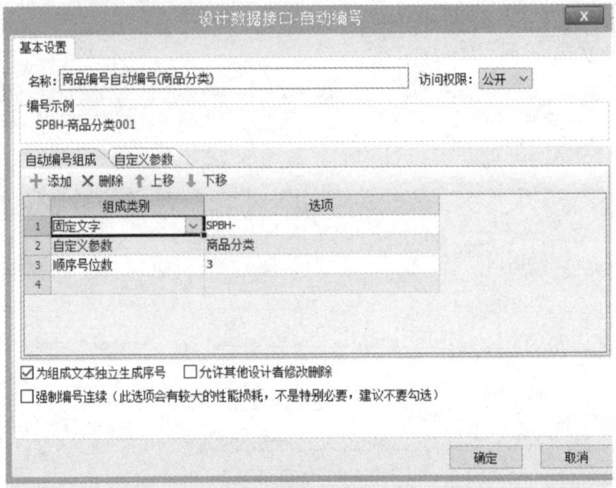

图 8-8　自动编号组成

8.2

下拉列表

下拉列表是将需要的数据通过一个下拉菜单的形式展示出来，方便选择使用。云表中的下拉列表数据选项有两种方式：第一种是固定取值，这种下拉列表中的选择项都是固定的数据，后期不会发生改变，如需修改则需要开发者修改设计；第二种是从现有的表单数据中获取，这种下拉列表是动态的，后期如需修改选择项，只需要更改来源数据即可，非常方便。

8.2.1　认识下拉列表设计

图 8-9 所示为[设计数据接口-下拉列表]对话框。

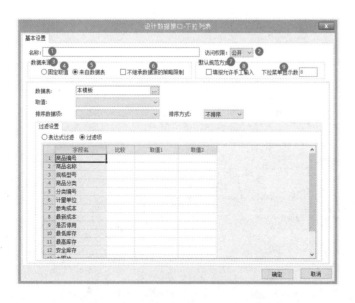

图 8-9 [设计数据接口-下拉列表]对话框

① 名称：数据接口名称。

② 访问权限：公开/私有。

③ 数据来源：确定此下拉列表中数据的来源。

④ 固定取值：当下拉列表中显示的数据量不多或固定不变时，可以选择这种方式。

⑤ 来自数据表：当下拉列表中显示的数据量多或有可能会有变动时，可以选择这种方式，从指定的模板表单中取值。

⑥ 不继承数据源的策略限制：勾选此复选框后，在调用该下拉列表数据接口时，不受权限中的策略限制。

⑦ 默认规范方式：对填写方式及下拉菜单数量进行设置。

⑧ 填报允许手工输入：勾选此复选框后，在数据表管理中调用此数据接口时，默认首选允许手工填入+对话框选择（即允许手工输入和对话框选择输入）；否则，默认首选仅为对话框选择（只允许对话框选择输入，不允许手工输入）。

⑨ 下拉菜单显示数：通过设置，使下拉列表在一个窗口最多能显示的行数。当数据超过所设置的行数后就会出现滚动条。

下面继续看数据来源的设置。

1. [固定取值]设置

如图 8-10 所示，选择[固定取值]单选按钮后，直接在[值]和[显示值]的下面手动输入需要在下拉列表中显示的可选择的数据。

图 8-10　[固定取值]设置

2. [来自数据表]设置（见图 8-11）

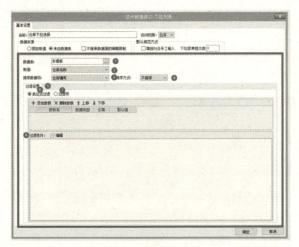

图 8-11　[来自数据表]设置

① 数据表：确定数据要从哪个模板表单中取值，可选择本模板或明细表。

② 取值：这里设置需要下拉显示数据项。

③ 排序数据项：可从中选择一个数据项，下拉列表根据此数据项排序。

④ 排序方式：选择该数据项的排序方式<不排序/升序/降序>。

⑤ 过滤设置：当需要在下拉列表中显示有特定的限制条件的数据时，可以设置条件来过滤出需要的数据。它分为[表达式过滤]和[过滤项]两种设置方式。

⑥ 表达式过滤：通过添加参数，并设置参数与此下拉列表中数据项的关系来进行数据的筛选。此筛选适用于条件多变的情况。

⑦ 过滤项：对需要过滤的数据项通过比较取值来过滤。此筛选适用于条件固定的情况。

⑧ 过滤条件：在表达式过滤中单击[编辑]按钮，设置过滤的条件，也可设置参数，使添加的参数与此下拉列表中的数据项产生关联，形成一个数据筛选的条件。如果未设置过滤条件，则自定义参数无实际意义。

下面通过实例来理解下拉列表接口的设计过程。

8.2.2 下拉列表实例展示

例 1 固定取值（见图 8-12）。

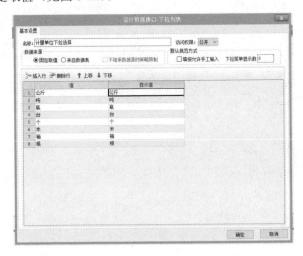

图 8-12 固定取值

例2 来自数据表（见图8-13）。

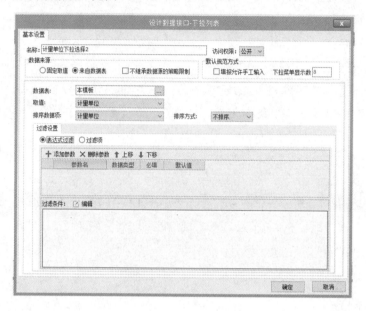

图 8-13 来自数据表

8.3
列表选择

在云表中，下拉列表类型数据接口只显示一列数据。而"列表选择"数据接口可以将多个数据列以列表（即数据源）的形式供我们选择。例如，表单的数据需要被其他模板引用时，可以通过设计一个"列表选择"数据接口，来筛选出所需要的数据。"列表选择"数据接口可以在填写规范、填表公式、业务公式中使用。

8.3.1 认识列表选择设计

1. 基本设置

图 8-14 所示为[设计数据接口-列表选择]对话框。

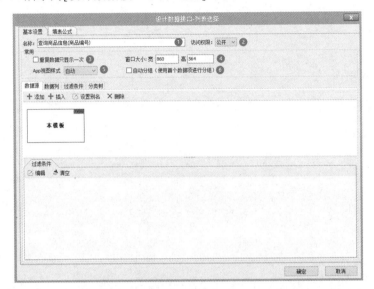

图 8-14 [设计数据接口-列表选择]对话框

① 名称：数据接口名称。

② 访问权限：公开/私有。

③ 重复数据只显示一次：在使用列表选择时，会遇到重复的数据，若是全部都显示出来的话，会导致数据量过大，难以从中找到需要的数据，而且还会增加系统的负担。当勾选此复选框后，在调用列表选择数据接口时，重复数据只会显示一个；若不勾选此复选框，所有数据，包括重复的数据，均会显示出来。

④ 窗口大小：当调用列表选择数据接口时，可以通过设置窗口的宽和高来改变对话框的大小。

⑤ App 视图样式：在移动端呈现对应的效果。由于移动端界面比 PC 端界面小很多，手机运行内存也有限，因此，移动端仅支持查询和填报，不支持在移动端上设计。

⑥ 自动分组：通过移动端使用云表时，有时会因为总表的数据太多，看着非常杂乱。在遇到这种情况时，可以通过设置 App 的自动分组，根据首个数据项进

行分组，这样容易统计数据。

2. 数据源

图 8-15 所示为[数据源]选项卡。

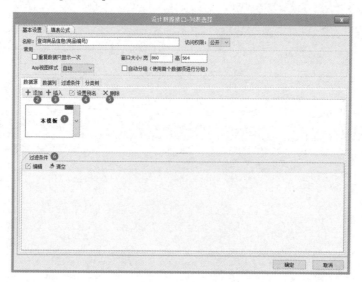

图 8-15　[数据源]选项卡

①　数据源：创建列表选择类型数据接口，首先需要确定所需数据来源于哪个模板表单。根据需要可以选择添加、插入或者删除。在[系统管理-数据接口]中新增时，数据源需要自己选择；而本模板中新增，无论是公有还是私有，本模板是默认添加的（必须存在且不能删除），也可以增加其他模板作为多数据源。若是数据源有两个或两个以上，那么在调用数据接口时，就可以同时从两个或两个以上模板中提取数据。

②　添加：添加数据源模板，新添加的模板会出现在所有已添加的模板的最后。

③　插入：插入数据源模板，新插入的模板会出现在相应操作之前单击的模板之前。

④　设置别名：将当前模板数据源另命名。

⑤　删除：删除数据源模板。

⑥　过滤条件：选中一个数据源时，针对该数据源设置条件，筛选满足过滤条件的数据，在过滤条件中可调用参数，通过过滤条件可将多个数据源先过滤，再关联查询满足条件的数据。

3．数据列

图 8-16 所示为[数据列]选项卡。

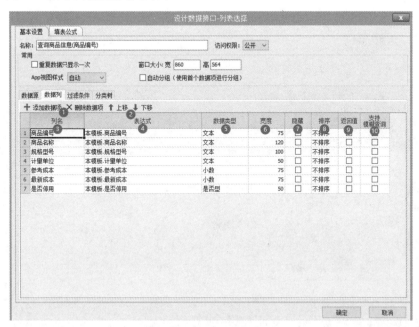

图 8-16　[数据列]选项卡

① 添加数据项/删除数据项：根据需要添加需要的数据项，删除不需要的数据项。

② 上移/下移：移动数据项的位置，可以改变列表选择数据接口对话框中数据项的前后位置。

③ 列名：显示在列表选择数据接口对话框中的名字。

④ 表达式：可调用数据源的数据项并做处理。

⑤ 数据类型：数据项显示在列表选择数据接口对话框时的数据类型。

⑥ 宽度：列表选择数据接口对话框中数据项的宽度。

⑦ 隐藏：可以隐藏数据项，使数据项不在列表选择数据接口对话框中显示。

⑧ 排序：设置列表选择数据接口对话框中数据的显示顺序。

⑨ 返回值：列表选择数据接口可拥有多个数据列，当填充的地方只需填写某一列时，将默认返回勾选返回值的这列数据。

⑩ 支持模糊查询：可模糊搜索符合条件的结果，一般与填写规范组合使用，通过填写规范手工输入的结果模糊搜索符合条件的记录。当多列支持模糊查询时可同时在多列中搜索。

4．过滤条件

图 8-17 所示为[过滤条件]选项卡。

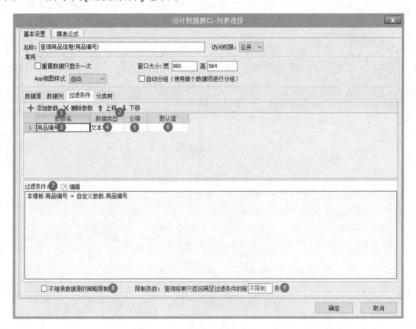

图 8-17 [过滤条件]选项卡

① 添加参数/删除参数：参数是一个变量，通过这个变量实现动态查询的目的。

② 上移/下移：在显示过滤条件时所显示的自定义参数的先后位置。

③ 参数名：根据需求设置过滤的参数名，方便在调用时给参数赋值。

④ 数据类型：过滤的参数的数据类型。

⑤ 必填：勾选上时，之后引用该数据接口，参数必须赋值才可以进行筛选；若不勾选，当参数没有填写时，也会进行筛选。

⑥ 默认值：赋予参数的文本过滤初始默认值，数据接口被引用后，但并未给参数赋值时，系统则会自动使用该默认值。

⑦ 过滤条件：单击【编辑】按钮，设置过滤的条件，筛选满足条件的数据，

在过滤条件中可调用参数以达到动态筛选的目的。

⑧ 不继承数据源的策略限制：勾选此复选框后，在调用该下拉列表数据接口时，不受权限中的策略限制；不勾选此复选框，在调用该下拉列表数据接口时，会受到权限中的策略限制（仅限于数组过滤，对隐藏区没有影响），也就是说可能导致无法使用所需要的数据。

⑨ 限制条数：根据数据列的排序，从上向下只返回限制条数据。

5．分类树

通过分类树实现对数据接口已筛选的数据进行分类显示。图 8-18 所示为[分类树]选项卡。

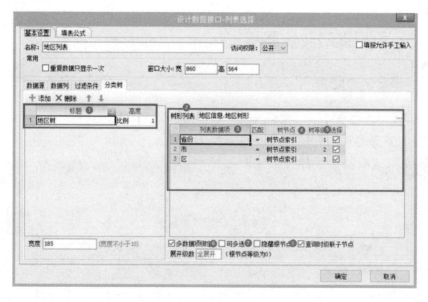

图 8-18　[分类树]选项卡

① 标题：为该树形列表命名。

② 树形列表：调用树形列表数据接口，用于显示在数据接口左侧。

③ 列表数据项：数据列中的列名数据项。

④ 树节点：树形列表树的节点，根据需要选择需要匹配的是树节点索引（树节点的唯一标识，在界面上没有显示，但我们做设计的时候要记住它的存在，它是构造树形结构的依据）还是树节点标题（树节点后面显示的那串文字）。

⑤ 树等级：根据需要选择匹配的对应的树节点等级（在勾选[多数据项绑定]复选框后才会有此选项）。

⑥ 多数据项绑定：若需要对两个或者两个以上的数据项进行匹配，则需要勾选此复选框；若不勾选此复选框，则只能选择以一个字段为索引，不能进行精确筛选和精确定位。

⑦ 可多选：在用分类树进行筛选时，有时会希望同时筛选出多个选项的数据，这时可以通过勾选此复选框来实现此功能。

⑧ 隐藏根节点：在选择对话框的分类树目录时，根节点不显示，即最大的父节点不显示。

8.3.2　列表接口实例展示

1. 填写规范中的使用

（1）建立一个列表选择数据接口。在商品信息模板中建立一个图 8-19 所示的列表选择数据接口，用来调取商品的基本信息。

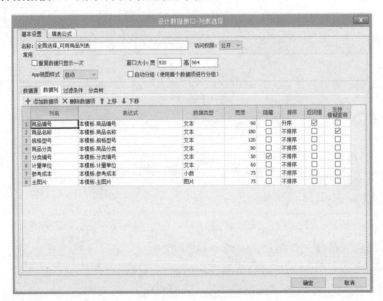

图 8-19　商品信息列表接口

（2）在采购订单模板设计页面中，进入数据表管理，根据需要在商品编号数据项的对应填写规范中，调用需要的列表选择数据接口，给数据定义管理面板右侧的填写规范栏的数据项进行赋值，通过填写表达式对表单中的数据项进行赋值，默认是只对一个数据项赋值，可以手动修改其他数据项的表达式，使选中数据时可以同时对多个数据项进行赋值，勾选"可多选"复选框后，可同时选中多条数据进行赋值，如图 8-20 所示。

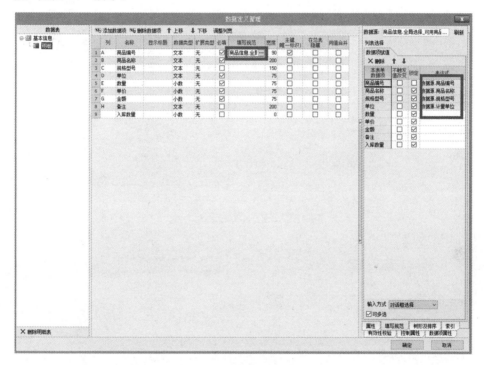

图 8-20 数据规范

（3）在新建采购订单时，可以单击商品编号数据项下面的按钮，调出列表选择窗口，并双击选中的数据进行赋值，产生的效果如图 8-21 所示。根据上述设置，可以看到当给一个数据项赋值时，它还会带出其他数据项相应的值。

2．填表公式中的使用

（1）在[采购订单模板设计]下，右键单击[供应商]数据项，设置"单元格格式-单元格类型"为组合按钮，如图 8-22 所示。

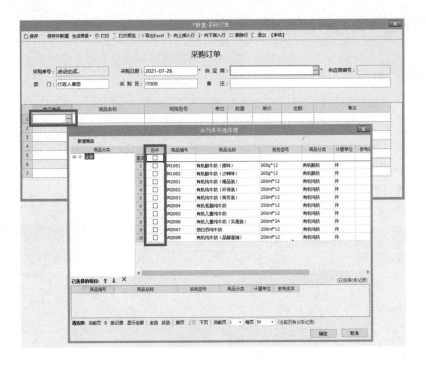

图 8-21　采购订单

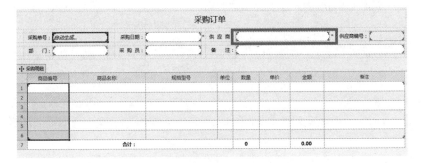

图 8-22　采购订单数据项

（2）在采购订单模板设计页面中单击并进入填表公式，选中[单元格按钮单击]，选中需要作为事件触发的按钮数据项，即刚刚设置的单元格格式的数据项。若此数据项在明细表中，则在数据表中选择所需数据项所在的明细表名称。在设置[单元格按钮单击]前，单元格按钮必须定义数据项，否则在添加数据项时就会找不到此按钮，如图 8-23 所示。

图 8-23 填表公式

（3）进行相关填表公式的设置操作，如图 8-24 所示。

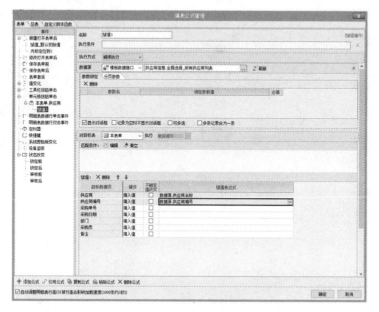

图 8-24 填表公式赋值操作

（4）在新建表单时，可以单击[商品编号]数据项右边的按钮，调出[从列表中选择值]对话框，并双击选中的数据进行赋值，效果如图 8-25 所示。

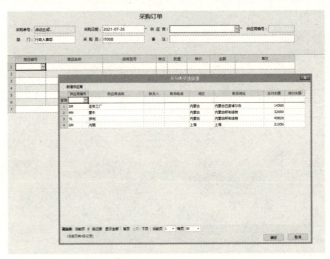

图 8-25　采购订单演示

8.4

树形接口

树状图可以很直观地展示出数据之间的从属关系。在云表中可以制作数据接口树形列表，来表现数据项之间的从属关系，以供后期调用。

8.4.1　认识树形接口

图 8-26 所示为[设计数据接口-树形列表]对话框。

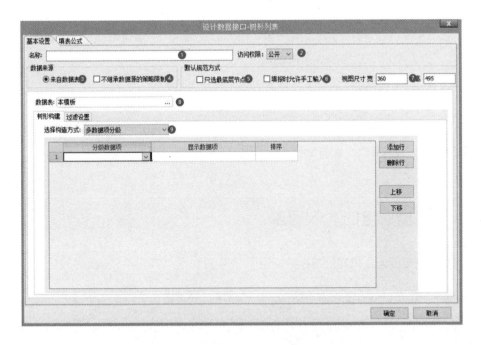

图 8-26　[设计数据接口-树形列表]对话框

①　不继承数据源的策略限制：勾选此复选框后，在调用该树形列表数据接口
时，不受权限中的策略限制。

②　只选最底层节点：在使用树形列表时，会存在两个或两个以上的节点，有
时只需要最底层的节点，而上层节点只针对数据进行分类，不需要选择和填报，这
时，可以勾选此复选框。

③　填报时允许手工输入：勾选此复选框，在数据表管理中调用此数据接口时，
默认首选允许手工填入+对话框选择（允许手工输入和对话框选择输入）；否则，默
认首选为对话框选择（仅允许对话框选择输入，不允许手工输入）。

④　视图尺寸：设置对话框的宽度和高度。

⑤　数据表：在树形列表数据接口中，默认使用本模板为数据来源，且不允许
更改。

⑥　树形构建：在使用树形列表数据接口前，需要先构建树形，也就是使数据
根据分类形成一个树形列表。在构建树形时有多数据项分级、编码长度分级和自我
繁殖 3 种方法。

• 多数据项分级：根据数据项来确定树形列表是由几级构成的。当树形列表中

有两个数据项时，树形列表就有两级；有 3 个数据项时，那么树形列表就有 3 级，以此类推。使用多数据项分级构建树形时，需要两个或两个以上的数据项。

- **编码长度分级**：通过对数据项的长度进行层次的划分。
- **自我繁殖**：根据两个数据项的父子关系来构造树形列表的层次。通过由子节点自动寻找父节点，以末端构建到根部的方式构建一个树形列表。使用自我繁殖构建树形时，只需要两个数据项即可。

8.4.2　树形接口实例展示

1．树形列表在填写规范中的应用

（1）建立一个列表选择数据接口，将访问权限设置为公开，如图 8-27 所示。

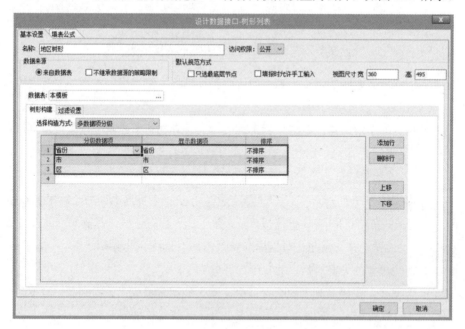

图 8-27　基本设置

（2）在此数据接口中添加两个参数："省份"和"城市"，且"省份"参数的默认值为"省"，城市的默认值为"市"。过滤条件如下：本模板.省份 形如 自定义参数.省份 并且 本模板.市 形如 自定义参数.城市，如图 8-28 所示。

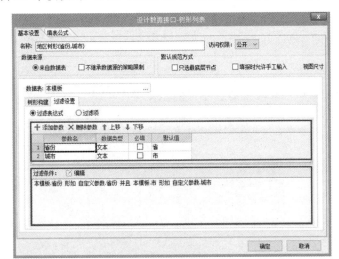

图 8-28　过滤设置

（3）在模板设计页面中，进入数据表管理，单击要调用树形列表的数据项的[填写规范]处。选择刚刚创建的树形列表。在此例中用树形列表填写"省份""城市"和"区"这 3 个数据项。首先在"省份"的[填写规范]处选择刚刚创建的树形列表。不设置参数绑定。不给参数赋值时将会根据默认值查询，筛选所包含省和市的所有数据，如图 8-29 所示。

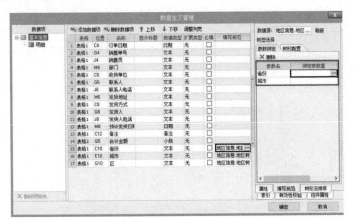

图 8-29　数据项定义

（4）在城市的[填写规范]处选择刚刚创建的树形列表。然后在右侧的[填写规范]处绑定参数值。这里只对"省份"参数进行绑定，目的是在调用此树形列表时，会根据前面填写的"省份"进行过滤，而"城市"会过滤出该"省份"下的所有城市，如图8-30所示。

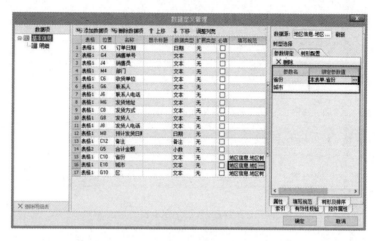

图 8-30　参数绑定

（5）在"区"的[填写规范]处选择刚刚创建的树形列表。然后在右侧的[填写规范]处绑定参数值。这里对"省份"和"城市"这两个参数进行绑定，目的是在调用此树形列表时，会根据前面填写的"省份"和"城市"进行过滤，如图8-31所示。

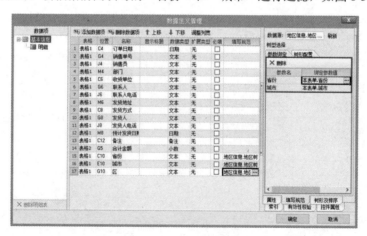

图 8-31　树形设置

2．树形列表在总表中的应用

（1）在总表的左侧添加目录树前，需要在本模板中构建一个树形列表，如图 8-32 所示。

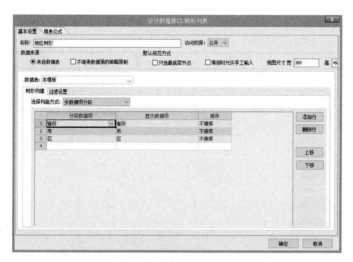

图 8-32　设计树形

（2）绑定数据项，如图 8-33 所示。

图 8-33　绑定数据项

（3）实际效果如图 8-34 所示。

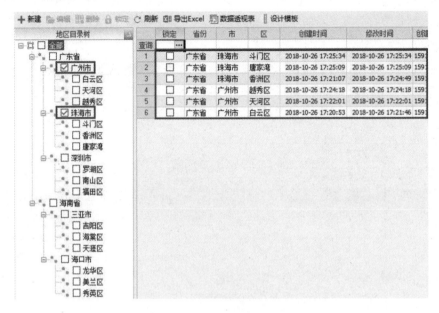

图 8-34　实际效果

8.5

系统变量

系统变量是云表的一类特殊的数据接口。它是一组由平台提供的供用户在设计时直接使用的一些系统的数据，如当前日期、当前时间、当前日期时间、当前用户部门编号、当前用户部门全称、当前用户登录账号等。例如，设计请假单时，就可以通过填写规范直接使用系统变量，帮助用户自动填写员工工号、员工姓名、部门信息、时间、日期等，用户使用起来非常简单。

思考与练习

1. 给销售订单设计图 8-35 所示的自动编号接口。

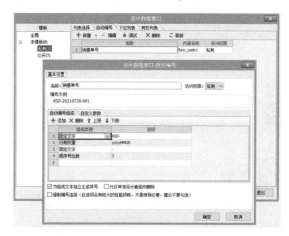

图 8-35 自动编号练习

2. 在销售订单中设计未完成销售出库的产品信息查询接口，如图 8-36 所示。

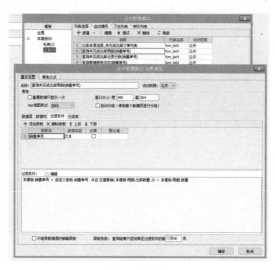

图 8-36 列表接口练习

3. 设计省市区联动的树形接口。

第 9 章

填表公式

9.1

填表公式的基本概念

填表公式是用来智能填充表单的。它的作用是响应用户交互动作，辅助用户填写表单，让表单变得更智能，减少填表的工作量，提升填表效率，同时起到规范化填写的作用。

要了解填表公式，首先要明白什么是事件驱动。所谓事件驱动，就是某件事情的发生会引发针对此事件做出的响应。例如，下雨了，我们就要收晾晒的衣服。其中，"下雨"是一个事件，对下雨这个事件做出的响应就是"收衣服"这个操作。再如，用户单击了【新建销售订单】按钮，系统弹出一个空白的销售订单界面。其中的"用户单击按钮"是一个事件，对这个事件做出的响应是执行"新建表单"这个操作。

云表中的事件又是怎样定义的呢？它是在对某项业务进行管理操作时发生的，具有客观性。云表中的事件分为表单事件、总表事件和业务事件 3 种类别，云表平台分别为这 3 种类别的事件预置了常用的事件类型。表单事件和总表事件可用于执行填表公式；业务事件可用于执行业务公式（见第 10 章讲解）。如图 9-1 所示，左侧方框就是表单事件的可选项，若选择[总表]选项卡，就显示总表事件的可选项。

"操作"是云表内置的一系列功能，如"新建表单"操作、"打开表单"操作、"赋值"操作、"设置按钮属性"操作等。要说明的是，对一个事件的响应也可以执行多个操作，这些操作都是为了实现智能填表的目的。

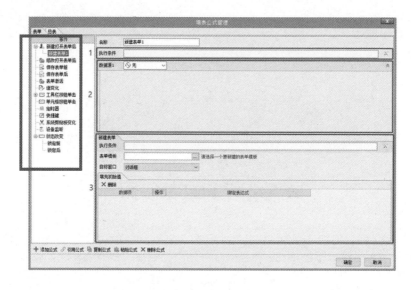

图 9-1　填表公式运行的 3 个模块

当事件确定后，操作是如何被执行的呢？填表公式运行一般都有以下 3 个重要模块。

1. 执行条件（对应图 9-1 中的 1 号框）

执行条件是一个逻辑判断表达式，当表达式的计算结果等于"常量.是"时，就执行下面的操作，否则就不执行。

2. 数据源（对应图 9-1 中的 2 号框）

数据源的作用是给后续的操作提供数据，可从模板的数据接口、系统内设的全局数据接口、新建表单、打开表单、本表单明细等途径获取数据，并将获取到的数据传递给后续的操作。

数据源返回的数据是一个二维表，一行表示一条记录，一列表示一个数据项。数据源首先会取出二维表中第一条记录，驱动操作执行一次，在操作中可以访问该条记录参与计算，操作完成后，数据源会取下一条记录继续驱动操作执行，以此类推，直至所有记录都取完为止。数据源中有多少条记录，则驱动操作就执行多少次。例如，数据源中有 3 条记录，后续操作若是新建表单，那么新建表单操作就会执行 3 次，创建 3 张表单。

3. 执行操作（对应图 9-1 中的 3 号框）

执行操作是云表内置的一系列功能。例如，"打开表单"操作用于打开指定的表单，"新建表单"操作用于新建一个空白表单，"打印"操作用于打印表单。

知道了填表公式的基本概念和作用，下面回到进销存系统当中，看一看填表公式是如何被创建和使用的。

9.2
常用表单填表公式举例

示例 1　[新建打开表单后]事件（应用场景：采购订单）

有过填表经历的人都知道，表格中的很多基本信息，如姓名、性别、出生年月、填表日期等，在各个场景下都要重复填写，非常烦琐。在云表中，这些确定的信息完全可以使用填表公式自动填充。通过填表公式的事件+操作的流程来实现这个目的。

例如，采购订单中的当前日期、采购员账号。打开采购订单后，自动检测当前时间和登录者信息，并将其赋值给指定的单元格，实现自动填充。这里新建采购表单就是一个事件，而自动检测信息并赋值就是一个操作。可以使用[新建打开表单后]事件，具体操作步骤如下（见图 9-2）。

（1）进入模板设计界面，单击【填表公式】按钮。

（2）在弹出的"填表公式管理"对话框中选择需要驱动的"事件"。在这个案例中选择[新建打开表单后]这个事件（每次新建表单都会触发这个填表公式）。

（3）在对应的事件下新增一个操作，单击下方的【添加公式】按钮。选择需要添加的操作，在弹出的[请选择操作]对话框中选择[赋值]操作。因为要将自动获取的信息赋值给表单，所以选择[赋值]操作。

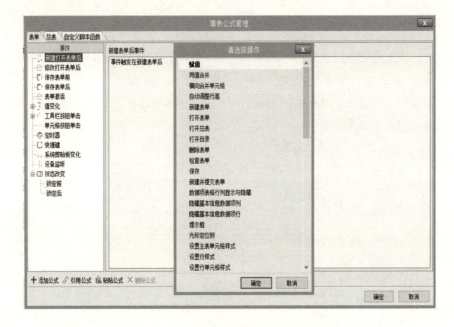

图 9-2 填表公式中的[新建打开表单后]事件

填写填表公式的操作部分（见图 9-3）。

（1）[执行条件]部分，逻辑判断适用于满足某条件才运行此公式的情况，本例只要新建的表单都自动填充基本信息，所以，[执行条件]为空。

（2）[数据源]部分，根据需求调取系统当前日期，以及系统当前登录的用户及其部门。这 3 个数据项都可以通过系统变量自动赋值，不需要使用数据源来扩展数据信息，因此，[数据源]部分也为空。

（3）操作部分，要赋值的单元格就在本表单的基本表中，所以，选择对本表单执行更新工作。同样，匹配条件部分，此时也是无条件执行，无须对信息进行匹配。将采购日期填充为当前日期，单击[赋值表达式]右边的 3 个点，在弹出的对话框的[分类]中选择[系统变量]，并且双击添加[系统变量.当前日期]。同理，将[部门]赋值为[系统变量.当前用户所在部门]，将[采购员]赋值为"系统变量.当前用户姓名"。

示例 2　打开表单之后光标自动定位到指定的位置（应用场景：采购订单）

为了让表单进一步智能化，我们希望打开表单之后，光标可以自动定位到马上要填写的某个单元格，如"供应商"，这样即便不移动鼠标，也能迅速开始填写表单。

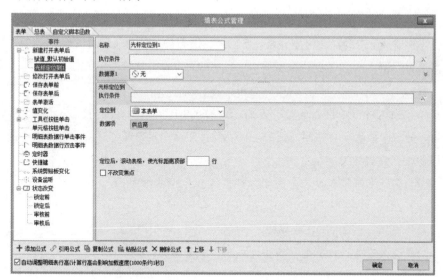

图 9-3　[新建打开表单后]事件的[赋值]操作

具体操作如图 9-4 所示。

图 9-4　[新建打开表单后]事件的[光标定位到]操作

（1）进入模板设计界面，单击【填表公式】按钮。

（2）在弹出的[填表公式管理]对话框中选择[事件]→[新建打开表单后]作为驱动

事件。

（3）在对应的事件下新增一条填表公式，单击下方的【添加公式】按钮。

（4）选择需要添加的操作，在弹出的[请选择操作]对话框中选择 [光标定位到]操作。

（5）填写填表公式操作的部分。

① 执行条件部分，只要事件触发，一定执行，所以执行条件为空。

② 数据源部分，也不需要额外的数据来支撑我们的判断，因此数据源部分也为空。

③ 操作部分，不填写执行条件，而是将光标直接定位到[本表单]的[供应商]数据项。

④ 单击【确定】按钮，保存公式。

从以上两个示例可以看出：一个事件可以对应多个操作，并且操作会按照公式设置的顺序依次执行。例如，在以上两例中[新建打开表单后]这个事件，对应[赋值]和[光标定位到]这两个操作。在软件内部运行顺序是先执行排在上面的[赋值]操作，再执行下面的[光标定位到]操作。

示例 3　单击商品编号单元格，自动弹出所有商品信息（应用场景：采购订单）

通过示例 1 学会了自动填写基本信息，下面再看自动填写明细信息。对这个需求，我们用三步法的分析模式进行分析。

（1）要达到的目的是什么？答案：在明细表中单击[明细表]单元格，自动弹出弹窗，弹窗中显示所有的商品信息，可以供我们筛选。选择之后将已选择的产品信息自动填充到明细中。

（2）用什么事件驱动这个操作？答案：单击[商品编号]这个单元格。

（3）如何实现选择和赋值操作？答案：使用[赋值]操作。

具体操作方法如图 9-5 所示。

（1）进入模板设计界面，单击【填表公式】按钮。

（2）在弹出的[填表公式管理]对话框中选择[事件]→[单元格按钮单击]作为驱动事件。

（3）在对应的事件下新增一条填表公式，单击下方的【添加数据项】按钮。

（4）选择需要添加的操作，在弹出的[数据项选择]对话框中选择[明细]中的[商品编号]数据项。到这里完成了事件的设置，即填写表格时单击[商品编号]单元格旁边的三点按钮，即可触发后续操作。

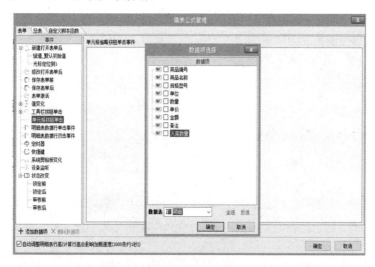

图9-5 [单元格按钮单击]事件的[数据项选择]对话框

（5）在对应的事件下（本表单.明细.商品编号）新增一条填表公式，单击下方的【添加公式】按钮。

（6）选择需要添加的操作，在弹出的对话框中选择[赋值]操作（见图9-6）。

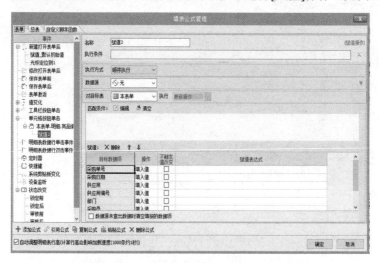

图9-6 [单元格按钮单击]事件的[赋值]操作

（7）填写填表公式操作的部分。

① 执行条件部分，在本示例中同样不需要执行条件，在什么情况下需要填写执行条件呢？比如基本信息中的[供应商]单元格没有填写时，就不执行这一步的[赋值]操作，那么就可以写下表达式"本表单.供应商<>常量.空"。这个表达式说明，当供应商数据项被填写时，才能向下执行，否则即便事件触发，操作也不会执行。

② 数据源部分，这里的数据源需要从外部调取信息，要将所有的商品信息作为数据源供用户选择。所以，在数据源中要添加模板数据接口。在[选择数据接口]对话框中选择自己需要的数据接口，这里需要[商品信息]中的[可用商品列表]接口（如果没有此数据接口，可以到数据来源的表单模板中去新建）。在参数绑定当中，因为要全部展示数据，所以不设置参数绑定。

在填写明细信息时，如果只展示基本信息中[供应商]名下的商品信息，就要设置一个有参数的数据接口，从而在填表公式赋值操作的参数绑定中，绑定表单相应的数据项。

因为要挑选数据，所以，需要勾选[显示对话框]复选框。又因为很有可能一次性选择多条数据，所以要勾选[可多选]复选框（见图9-7）。

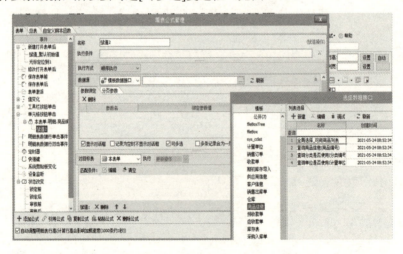

图9-7　[单元格按钮单击]事件的[显示对话框]操作

③ 操作部分，对目标表[明细]执行[插入操作]。我们要对明细表进行赋值操作，所以，将目标表改为明细表，对它执行[插入操作]，在[赋值表达式]中将数据源的数据复制到明细当中（见图9-8）。

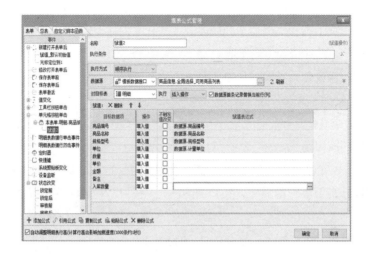

图 9-8 [单元格按钮单击]事件的[插入]操作

这个操作相对前两个示例比较复杂一点,调试的方法是单击明细当中的[商品编号],就会触发这个公式。公式没有执行条件,执行之后会调取[商品信息]当中的[可用商品列表]作为数据源,根据用户选择的数据,将数据源中被勾选的[商品编号][商品名称][规格型号][计量单位]插入明细当中。

[单元格按钮单击]事件加[赋值]操作,是最常用的组合,希望读者多加运用和练习。

示例 4 **[表单激活]事件**(应用场景:采购订单)

先来模拟如下场景:公司采购员填写了一张采购订单,但是经理看到采购订单之后,要求再多加一个品种的材料。假定这类情况每天都可能发生。公司采购员希望每次打开已经填写过的采购订单,系统的光标自动定位到明细的最后一行,这样就可以直接添加商品信息,不需要额外移动光标。

针对公司采购员的这个需求,用三步法来分析一下。

(1)要达到的目的是什么?答案:打开已经填写的表单,光标自动定位到明细表的第一个空白行。

(2)用什么事件可以驱动这个操作?答案:每次打开表单时,包括新建、编辑表单。

(3)如何实现选择和赋值工作?答案:[光标定位到]操作。

分析之后,大家会发现这个需求和示例 2 非常相似。请大家跟着下面的步骤操作一遍，找出本示例和示例 2 不同的地方，并思考为何不同。

具体操作方法如下。

（1）进入模板设计界面，单击【填表公式】按钮。

（2）在弹出的[填表公式管理]对话框中选择[事件]→[表单激活]作为驱动事件。[表单激活]这个事件是在打开已经填写的表单时触发的，多用于表单格式变换，或者数据更新的应用场景。

（3）在对应的事件下，新增一条填表公式，单击下方的【添加公式】按钮。

（4）选择需要添加的操作，在弹出的[请选择操作]对话框中选择[光标定位到]操作。

（5）填写填表公式操作的部分。

① 执行条件部分，只要事件触发，一定执行。所以，执行条件为空。

② 数据源部分，也不需要额外的数据来支撑我们的判断。因此，数据源部分也为空。

③ 操作部分，同理，[执行条件]为空。我们想将光标定位到明细的空白行，选择定位到[明细]，数据项为[商品编号]。

[记录行号]是通过填写[行号表达式]来确认定位到哪一行的。当行号表达式最后确认的行数为 0 时，光标会定位到第 1 行；当行号表达式最后确认的行数为 1 时，光标会定位到第 2 行（见图 9-9），以此类推。

图 9-9 [表单激活]事件的[光标定位到]操作

保存填表公式，进行调试。

对照本示例和示例 2，发现两者的不同了吗？

第一，它们的触发事件不一样，一个是在新建表单时触发，另一个是当激活表单时触发。第二，它们都用了[光标定位到]操作，但是使用的方法不一样，一个定位到基本表单并且不需要任何表达式，另一个定位到明细的第一个空行，这样就需要一个表达式来找到这个明细行。

相信通过这两个示例的对比，读者们不难发现，云表平台是非常灵活的，只要我们有需求，就一定有对应的解决方法。而我们只需要搞清楚两个部分：第一个部分是自己的需求，这个部分在软件开发之前的调研阶段要做充足；第二部分需要知道在云表中用什么方法实现我们的需求。前面反复在使用的三步法，就是想让大家清晰自己的管理思想和软件开发思维，从而高效地找到解决方案。

示例 5　录入采购订单单号，自动将采购订单的明细填充到采购入库单（应用场景：采购入库单）

将采购订单的基本信息填写完毕，经理审批通过，之后正常进入采购程序。采购回来的东西需要入库，在填写采购入库单时有没有更高效的方法呢？比如录入采购订单的单号，明细就可以自动填充，只需要核对到货的数量即可。这样不仅提高了录单的效率，还避免了二次录入带来的出错风险。

再次用三步法分析一下这个需求。

（1）要达到的目的是什么？答案：只需要录入采购订单号，采购入库单的明细可以自动生成。

（2）用什么事件可以驱动这个操作？答案：填写采购订单号。

（3）如何实现选择和赋值工作？答案：[赋值]操作，并且需要系统内部自动调取这个采购订单号名下的采购明细。

具体操作如下：

（1）进入模板设计界面，单击【填表公式】按钮。

（2）在弹出的[填表公式管理]对话框中选择[事件]→[值变化]作为驱动事件。[值变化]，顾名思义就是只要数据项内填充的值发生变化就触发这个事件。

（3）在对应的事件下新增一条填表公式，单击下方的【添加公式】按钮。

（4）选择需要添加的操作，在弹出的[请选择操作]对话框中选择[赋值]操作。

（5）填写填表公式操作的部分。

① 执行条件部分，在这个系统当中为了确保可以找到采购订单，设置了单号不能为空，并且来源是采购订单的执行条件。

② 数据源部分，因为无法从本表单获取数据，而是要从外部表单获取数据，所以要在这里引用数据源。单击【...】按钮，在弹出的对话框中选择要建立数据源的表单，这里选择[采购订单]，在[采购订单]的表单下单击【新增】按钮。

添加要使用的数据列，为了后面"采购入库单"能与该数据接口进行对接，必须有一个匹配的数据项对数据进行过滤。在数据接口的[过滤条件]选项卡中添加一个自定义的参数"采购单号"，绑定[采购订单]的[采购单号]，如图 9-10 所示。

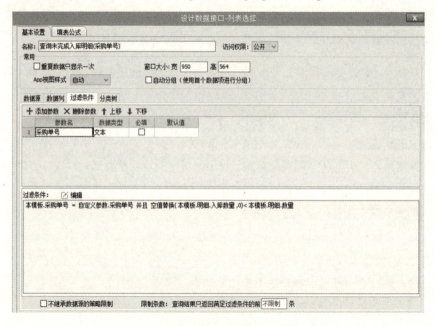

图 9-10　建立查询未完成入库明细的数据接口

建立好数据接口填充到数据源当中，并将数据接口的参数（采购单号）绑定为本表单的来源单号。这个步骤的意义是，当值变化的时候去搜索数据源，并且调取数据源的采购单号等于本表单来源单号的指定数据。这样就用采购订单的单号，作为纽带调取对应采购订单的所有明细信息（见图 9-11）。

③ 操作部分，对[明细]执行[插入操作]，并将数据源的数据作为表达式填充到目标表数据项当中（见图 9-12）。

图 9-11 设置查询未完成入库明细的过滤条件

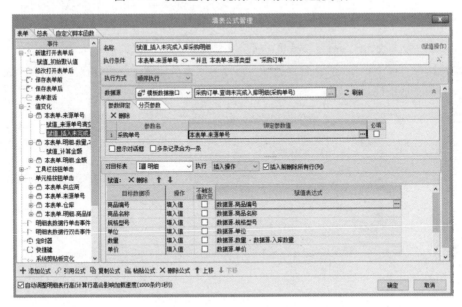

图 9-12 引用数据源的填表公式

最后来检查一下，通过值变化触发公式来获取数据源的数据，数据源本身带有参数，将数据源的参数和本表单的参数绑定之后，不需要显示对话框，而是直接复制到目标表的明细数据当中。

9.3
总表中应用填表公式举例

填表公式除了经常运用在表单当中，还可以运用到总表中。

总表当中的"事件"没有表单当中的那么复杂，最常用的就是[工具栏按钮单击]事件和[双击数据行]事件。

[工具栏按钮单击]事件内置了很多常用的工具栏按钮，可以对总表的表头进行设置，也可以隐藏不适用的按钮，或者新建个性化的按钮，并且在按钮触发（单击即触发）时进行相应的操作。【批量导入】按钮默认是隐藏的，如果需要使用这个功能，也可以取消勾选[隐藏]复选框，保存公式之后调试，就可以在总表的工具栏中看到【批量导入】按钮，如图 9-13 所示。

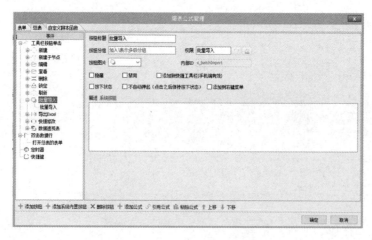

图 9-13　总表中填表公式的应用

[双击数据行]事件可以运用到的场景是，如果我们不希望在库存总表当中双击只显示库存信息的表格，而是希望双击可以显示出入库记录，那么，可以在[双击数据行]事件下，删除原有的[打开总表的表单]操作，新建一个[打开表单]操作，将[商品编号]作为匹配条件，找到需要打开的表单。

思考与练习

在进销存软件当中，以下操作如何实现？

（1）事件：新建打开表单。操作：自动填充基本信息（采购订单新建打开表单后事件）。

（2）事件：新建打开表单。操作：光标定位到指定单元格（采购订单新建打开表单后事件）。

（3）事件：打开之前填写完毕的表单。操作：光标定位到指定单元格（盘点单中的表单激活）。

（4）事件：录入单号。操作：自动填充这个单号中包含的明细（采购入库单中的值变化）。

（5）事件：单击供应商这个指定的单元格。操作：弹出包含所有供应商名称的对话框，供操作者选择（采购入库单中的单元格按钮单击事件）。

第 10 章

业务公式

10

10.1
业务公式及其作用

　　业务公式用于某一业务发生后对其他业务的影响（也包括对自身的）。在业务公式中，提供数据的表单称为数据源，写入数据的表单称为目标表单。业务公式将一个或多个数据源中的数据变换后，写入目标表单中，从而实现一定的业务逻辑。所有的业务逻辑，都可以换成数据处理的逻辑来描述。例如，出库业务公式，从出库单中获取出库商品的数量，用来更新库存表中对应商品的库存数量，其中的数据变换规则是"当前库存数量-本次出库数量"。

　　填表公式针对本表单操作，但可以通过数据接口把外部表单的数据输送过来；而业务公式不仅可以针对本表单操作，还可以针对其他表单操作，同样，业务公式也可以通过数据接口调用系统内各个表单的数据。

　　本章通过几个具有代表性的示例，详细介绍业务公式。

　　示例 1——入库单审核更新库存表（业务公式更新目标表的基本信息）。

　　示例 2——入库单审核更新采购单（业务公式更新目标表的明细）。

　　示例 3——业务公式批量修改事件（业务公式保存后事件）。

　　在开始讲解之前，先明确几个词汇的意思。它们分别是本表单、目标表。本表单就是当前编辑的这张表单，如图 10-1 所示。目标表就是即将被影响改变的那张表单（业务公式改变本表单时，目标表也是本表单）。

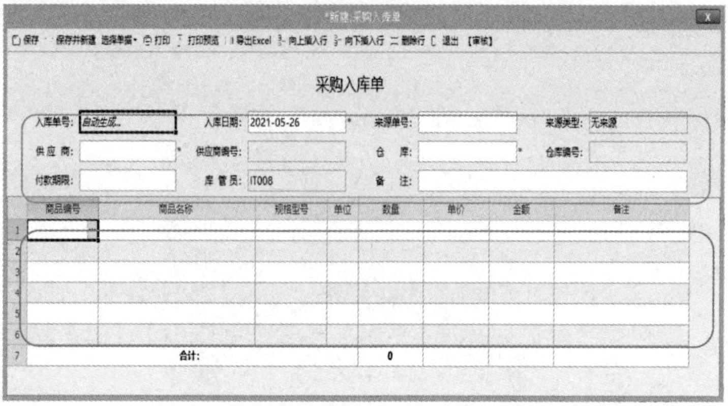

图 10-1 业务公式中的"本表单"

10.2
业务公式操作示例

示例 1 入库单审核更新库存表（业务公式更新目标表的基本信息）

在本进销存系统当中，库存数量指导着生产排产计划的制订、采购计划的制订、销售周期的调整及后续的数据汇总报告，如产品的周转速度、出货趋势等。由此可见，库存数量的准确是管理之本。设置一个库存表，需要以仓库编号和商品编号为唯一不重复的数据项。其他描述属性包括仓库名称、商品名称、库存数量、库存单位、库存单价、库存金额等。

进一步分析，这些库存表的信息会从哪里来？答案是来自入库单。产品入库时，新建或者更新了库存表信息。除了入库单的影响，库存表自然还会受到出库单的影响。通过本示例，看看入库单是如何影响库存表的。

如图 10-2 所示，用[采购入库单]作为操作表单，也就是所谓的本表单。本表单的基本信息中，包含需要的入库仓库和仓库编号信息。本表单的明细表中包含商品编号、商品名称、入库数量、单价信息等。现在的目标表是[库存表]，目前库存表的总表当中没有数据，库存表的表单不能手动添加（这是为了避免因为人为修改库存表数据，造成系统数据混乱的风险，库存表的所有信息都要来源于表单）。

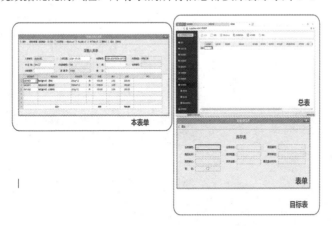

图 10-2　业务公式中的基本词汇定义

我们需要达成的效果是将[采购入库单]中基本表和明细表的信息更新或新建到目标表的基本表当中，如图 10-3 所示。

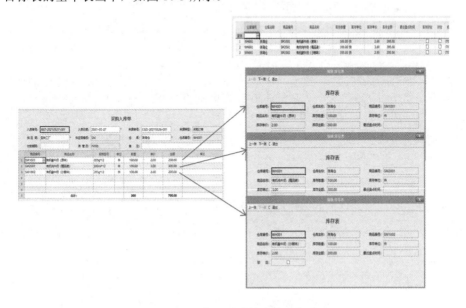

图 10-3　业务公式中的表单逻辑关系

操作步骤及分析：

单击工具栏中的【业务公式】按钮，弹出[业务公式管理]界面，其也分为两个区域，这两个区域和填表公式中的布局相似。左边方框是[业务事件]（见图10-4），事件触发之后，可以自定义添加相应的操作。业务公式当中的事件类型比较简单，只分为[保存表单后事件]和[状态改变事件]两个业务事件。其中，[保存表单后事件]，顾名思义就是在表单单击【保存】按钮之后触发；而[状态改变事件]是在单击【状态】按钮的时候触发。

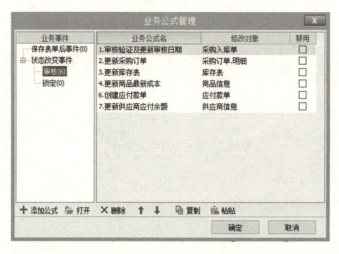

图 10-4　[业务公式管理]界面

这里解释一下【状态】按钮。【状态】按钮是出现在表单工具栏上的一个可以自定义的按钮，需要自行添加。

在本例中添加的是【审核】按钮，其表示审核采购入库单之后，采购入库单的信息会去更新库存表。操作步骤如下。

（1）单击工具栏中的【状态设置】按钮，在弹出的对话框中单击【添加数据项】按钮，并输入你想创建的状态按钮的名字。其中，[确定按钮的标题]表示没有单击这个按钮时，这个按钮的显示标题；而[取消按钮的标题]表示已经单击过一次这个按钮之后，这个按钮的显示标题。在本示例中新打开表单状态按钮显示【审核】，取消状态按钮显示【反审核】。

（2）单击工具栏中的【业务公式】按钮，会发现[状态改变事件]下面多了一个[审核]，这个就是触发的事件，我们在这个事件被触发时，添加对应的操作。单击左下方的【添加公式】按钮去增加操作。

（3）在开始创建公式之前，系统需要开发者定位目标表。根据分析，本示例的目标表是[库存表]（见图 10-5）。

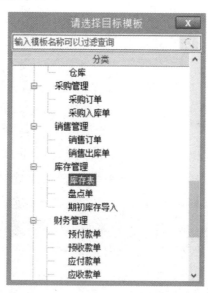

图 10-5　业务公式中选择目标表单

（4）进入[业务数据处理公式]当中，先观察一下这个公式的界面，首先最左边一列展示的是目标表的表格结构，在本示例当中目标表没有明细表单，所以只显示基本表单，即[库存表]。继续向右看，可以看到[选择数据源]，这里呈现的是本表单的表单结构，本示例中本表单有基本表和明细，所以，在下拉箭头当中可以选择[本表单]和[本表单.明细]。注意：如果选择[明细表]，可以提供明细表＋基本表的数据；但是，如果选择[本表单]，则只提供基本表的数据。

在本示例当中，因为需要将明细的商品信息写入库存表（目标表），所以选择[本表单.明细]。

（5）为了方便之后的辨识和管理，可以给这个公式起个名字："审核_增加库存"。

（6）增加执行条件，现在已经创建好了状态选项，接下来要告诉系统这个状态在什么情况下才触发这个公式。这就需要在执行条件当中填写"本表单.审核=常量.是"，表示当用户单击【审核】按钮时触发这个公式。

（7）接下来要对目标表，也就是库存表进行什么操作呢？在【执行操作】下拉列表中有[新建表单][更新表单][删除表单]选项等。针对需求，应该选择新建表单，还是更新表单呢？答案是更新表单，因为在库存表中商品要唯一且不重复。如果每次都新建一个库存表，就达不到累计库存数量的作用。所以，每次有入库情况发生时，都要更新库存表。

选择了[更新表单]，就要为更新这个操作指定规则，既然是更新，有旧的才能更换成新的。那么，旧的和新的靠什么来匹配呢？这就需要我们填写匹配条件。在本示例中，需要通过仓库编号和商品编号来匹配，商品编号必须唯一不重复，仓库编号是为了方便多仓库管理。比如，李小明所在公司在北京和天津都有仓库，有机酸牛奶（原味）这个商品在北京仓库有 100 个，在天津仓库有 200 个。要分别展示这个产品在北京仓库和天津仓库各有多少个，才能方便精确管理，所以，本示例库存表中仓库编号和商品编号设为联合主键，联合唯一不重复。

匹配条件当中写"库存表.仓库编号=本表单.仓库编号 并且 库存表.商品编号=本表单.明细.商品编号"，并且勾选[不存在时新增一条记录]复选框，这样系统在将本表单和目标表的匹配条件做比对时，如果匹配得上，则更新表单；如果匹配不上，则新增/新建一张库存表（见图 10-6）。

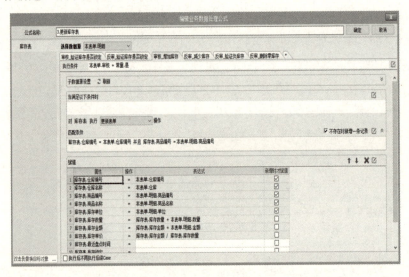

图 10-6　编辑业务数据处理公式之审核_增加库存

（8）最后一步是将本表单的数据赋值给目标表数据。在这一步读者朋友们单击

【...】添加表达式的时候，可以看到本表单被选择的数据源（示例中选择的是[本表单.明细]，所以，可以展示基本表和明细表的所有数据）和目标表的数据源。注意，此处不要选择目标表，这是初学者很容易疏忽的错误。

（9）因为这个公式已勾选[不存在时新增一条记录]复选框，所以，可以选择部分表达式在新增的时候才赋值。

填写完公式之后一定要调试检查。填写完后，【审核_增加库存】工具栏当中的【审核】按钮，已经变成之前在状态中设置好的【反审核】按钮。反审核代表撤销刚才的审核动作，如果审核之后发现错误，可以用反审核将之前的动作撤回。反审核的公式在这里不详细讲解，请读者自己尝试做一下，做完之后和图 10-7 进行比较。

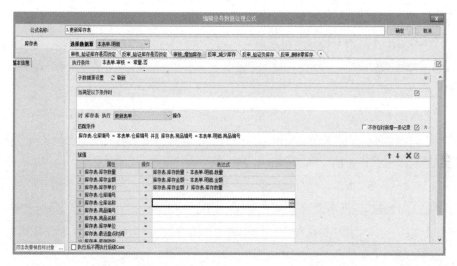

图 10-7　编辑业务数据处理公式之反审_减少库存

示例 2　入库单审核更新采购单（业务公式更新目标表的明细）

在填表过程当中，有时需要在采购订单中显示已入库数量，这样就方便监控这个采购订单已经入库了多少，还有多少没有入库。这个已经入库的数量，是在审核采购入库单时系统自动填进去的。这是跨表单的操作，所以，要使用业务公式。

建立业务公式之前的逻辑分析：我们的需求是将本表单的明细表信息更新到目标表的明细表当中。这和示例 1 不同，它是用明细表更新明细表（见表 10-1）。

表 10-1　建立业务公式之前的逻辑分析

	本 表 单	目 标 表	根据本表单的来源单号去寻找目标表，确定目标表之后将本表单明细表的数据更新到目标表的明细表当中
基本表	来源单号	采购单号	
明细表	商品编号、入库数量	商品编号、入库数量	

此时目标表的[采购单号]就相当于一个抽屉的名字，在这个抽屉中存在很多 A4 纸文件。要是想将 A4 纸文件更新，就要先找到抽屉的名字。这个抽屉的名字哪里来，从本表单的基本信息中可以找到来源单号，用这个信息做传递，找到抽屉的名字，再根据商品编号做匹配，将这张入库单的入库数量更新到采购订单当中去。

操作流程及其分析如下。

这个操作和示例 1 相同，也是通过单击【审核】按钮而触发的，所以，继续在[状态改变事件]之下创立操作。直接单击【业务公式】按钮，在审核这个[状态改变事件]之下，单击【添加公式】按钮，选择[采购订单]进入公式的编辑。

进入业务数据处理公式的界面之后，发现最左面一列和示例 1 有所不同，多了[明细]这个结构。这是因为要更新的这个表单，不仅有基本表，还有明细表。我们先对基本表做操作，所以选择[采购订单]。

先做找抽屉的操作，针对找抽屉这个操作，只需要本表单基本表中的订单编号就可以了，所以，在[选择数据源]选择[本表单]（见图 10-8），在[执行条件]中本应该写上"本表单.审核=常量.是 并且 本表单.来源单号<>"""，但是进一步思考，发现找抽屉这个动作，无论是审核还是反审核，都是一样的。所以，可以合并两个操作，将执行条件直接简化为"本表单.来源单号<>""""。

对采购订单执行[更新表单]操作，匹配条件为"采购订单.采购单号=本表单.来源单号"，这个操作让我们找到抽屉。但是，不需要对[采购订单]这个基本表做任何操作，所以，赋值区域为空。

找到了抽屉后，下面开始对抽屉中的文件做操作，先将左侧的操作目标区域调整到[明细]。

选择数据源也要调整到[本表单.明细]，因为我们要从本表单的明细调取数据赋值给目标表的明细。

对[采购订单.明细]执行[更新记录]。这里没有不存在的数据，所以，也不用勾选[不存在时新增一条记录]复选框。

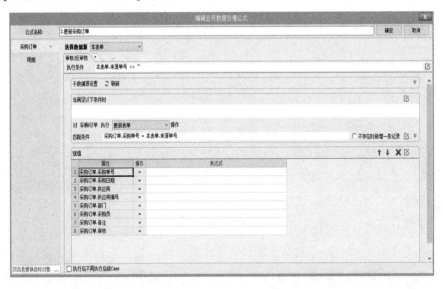

图 10-8　编辑业务数据处理公式中更新表单的操作之找到本表单

填写赋值表达式。因为入库可能分很多批次，所以，入库数量是不断累加的，需要将采购订单当中原有的数据累加上本次入库的数量（见图 10-9）。

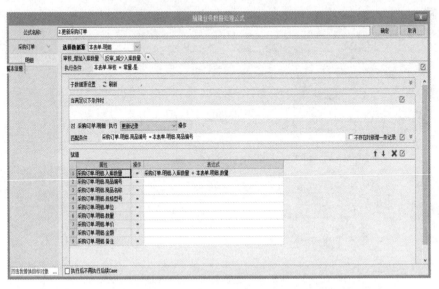

图 10-9　编辑业务数据处理公式中更新记录的操作之本表单明细

保存之后调试、检查一下这个公式。

示例3 业务公式批量修改事件（业务公式保存后事件）

上述两个示例都是[状态改变事件]，云表还有一个强大的功能——[保存后事件]，即在保存表单之后自动触发。例如，批量删除数据，如果一个一个手动删除，非常耗费时间，可以在需要删除的表单当中设置一个公式，在保存时批量删除这个模板下的所有表单。

又如，当批量更改信息时，假设之前建立的一个表单已经使用了一段时间，这个模板下已经有几千条数据，现在由于汇总需求，要在这个表单下添加一个数据项，这个新添加的数据项的数据源来源于本表单。

下面详细解释一下这个公式的操作。

单击【业务公式】，在[表单保存后事件]当中【添加公式】，这里的界面和之前不同，可以看到有[新建时][更新时]和[删除时]。这说明表单的3个触发状态：[新建时]只用于新增本表单的保存后；[更新时]用于表单数据有变化时；[删除时]用于删除本表单时，如图10-10所示。

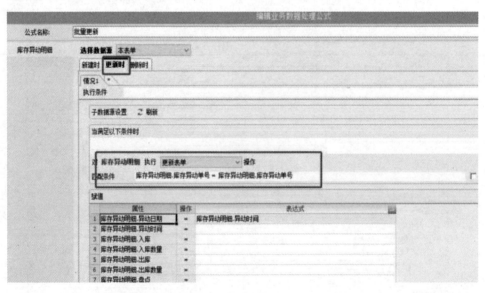

图 10-10　编辑业务数据处理公式中批量更新操作

现在，需要表单在更新的时候对本模板下所有的表单进行更新操作。用[本表单]作为数据源，对目标表执行[更新表单]，匹配条件写"目标表.单号（或者其他数据项）=目标表.单号（或者其他数据项）"，然后对本表单想更改的数据项赋值。

思考与练习

请将本章的 3 个示例操作一遍。

第11章

查询与报表

前面已经学习了云表的三大利器——数据接口、填表公式、业务公式的基本运用，分别可以实现筛选传送数据、智能填写表单及实现一定的业务逻辑。但是，一个完整的管理系统离不开查询统计和分析功能，建立查询统计和报表统计最大的作用，就是方便查看数据。

本章通过采购入库单的采购数量统计，来学习查询和统计的实现，通过采购入库单月份采购报表，学习柱状图统计。

11

11.1

查询

查询就是根据某些特定条件，在大量数据中找到所有符合此条件的数据，然后进行汇总、统计和分析。云表开发平台中的查询统计可以实现复杂条件下的数据查询；实现跨模板的数据查询。查询统计可以自定义查询范围。

场景一：在销售订单中查询某天下单的客户，并根据客户所在的客户档案查询客户详细信息，这就涉及"销售订单""客户档案"多模板关联查询。

场景二：查询销售部门上个月的请假情况，查询时，可以重新输入查询范围"部门"及"时间段"，例如，再次搜索研发部门全年度的请假情况。

11.1.1 查询统计模板的设计

在图书馆中，通过检索机器输入我们想要查找的书籍名称或作者姓名，可以查询出这些书籍放置在哪个书架上。

图书馆的书籍就是数据，而所有书籍的集合就是数据源。书籍名称、作者姓名是这次查询的过滤条件。书籍所在的书架就是要查询的结果。

在云表中，查询就是在一个或多个数据源中，根据过滤条件查找出需要的数据项。

数据源：指数据的集合，可以是其他表单，也可以是其他表单的明细。

过滤条件：指在查询数据时使用的条件/规则，以便得到指定范围的结果。

数据项：指在查询结果中，需要展示的数据项。

下面以采购入库查询统计为例进行讲解。

（1）如图 11-1 所示，进入[采购管理]选项卡的界面，并单击【新建查询】按钮。

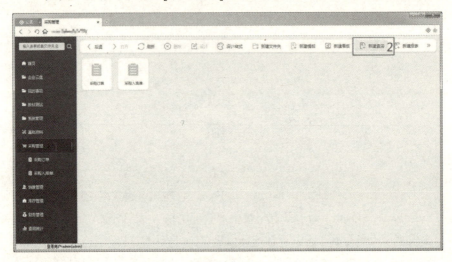

图 11-1 首页

（2）打开[新建查询统计]选项卡，选择[数据源]选项卡，单击【添加】按钮，在弹出的菜单中双击[采购入库单明细]作为数据源（见图 11-2）。

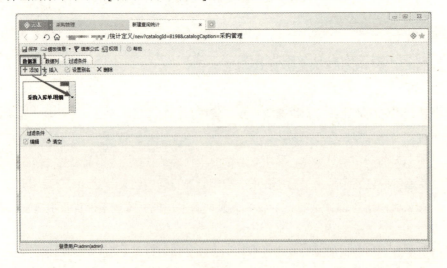

图 11-2 [新建查询统计]选项卡

（3）如图 11-3 所示，选择[数据列]选项卡，单击【添加数据项】按钮。

图 11-3　[数据列]选项卡

（4）如图 11-4 和图 11-5 所示，弹出[数据项设置]对话框，单击【连续添加】按钮，将明细中的"商品编号""商品名称""入库日期"及合计基本信息中的"数量"等添加到列表中。合计数量可以使用统计函数中的合计函数，切记，修改合计数量的数据类型为"整数"。

图 11-4　数据项设置

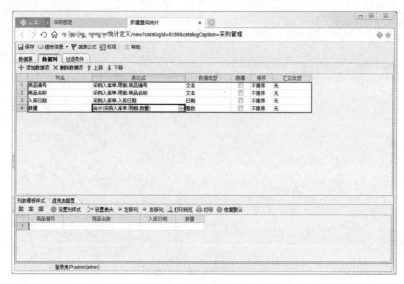

图 11-5　数据列

（5）如图 11-6 所示，选择[过滤条件]选项卡，单击【添加参数】按钮，添加日期类型的参数"开始日期"及"结束日期"，输入"采购入库单"的入库日期在"开始日期"及"结束日期"之间作为"过滤条件"。

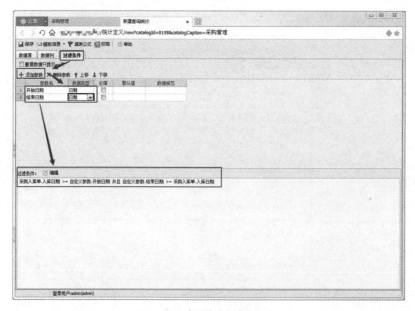

图 11-6　[过滤条件]选项卡

（6）单击【保存】按钮后弹出[模板属性]对话框，填写模板编号及模板名称，然后单击【确定】按钮完成（见图 11-7）。

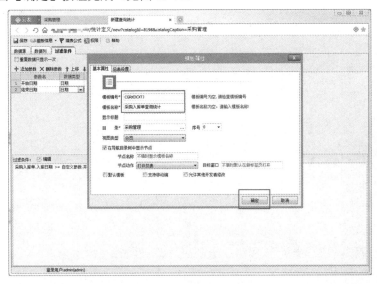

图 11-7 [模板属性]对话框

（7）如图 11-8 所示，[采购管理]选项卡中多了一个名为"采购入库单查询统计"的图标。

图 11-8 [采购管理]选项卡

（8）双击"采购入库单查询统计"图标后，进入表单。选择"开始日期"及"结束日期"后，单击【查询】按钮，就会返回相应日期内所采购的商品编号、商品名称、入库日期及合计的数量等数据信息（见图11-9）。

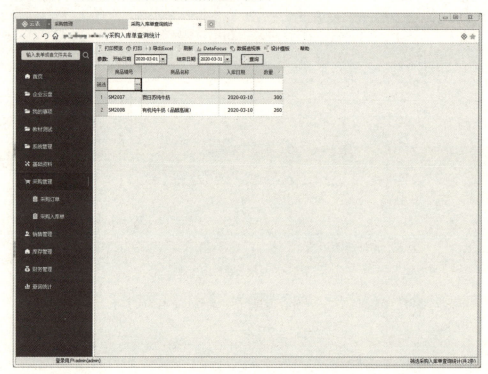

图11-9　采购入库单查询统计表单

11.1.2　查询统计模板与普通模板的区别

查询统计模板主要用于分组统计查询，而普通模板主要用于存储数据。

查询统计模板更适用于数据查询。

查询统计模板本身不存储数据，不占用空间的表单模板数。

普通模板可作为数据源使用，而查询统计模板不可以。

11.2
报表

报表类似于表单模板中的纯查询模板，报表模板中可插入图表。相对于查询模板，报表可以建立数据接口、增设字段（如统计字段）、设置状态字段，以及使用填表公式对本模板进行修改（主要是[新建打开表单后]和[值变化]）。

11.2.1　什么是报表统计

报表统计就是用多样化的表格、图表等格式来动态显示数据。

报表统计与查询统计的区别如下：报表统计可以设计报表的样式，而查询统计直接以表格形式展示数据。

11.2.2　如何设计报表统计

（1）如图 11-10 所示，进入[采购管理]选项卡，并单击【新建报表】按钮。

（2）打开[新建报表]选项卡，设计好表单样式（见图 11-11）。

（3）如图 11-12 所示，选中定义数据项区域，单击【定义基本信息】按钮，弹出 [数据项设置] 对话框，默认直接单击【下一步】按钮，更改数据类型为"整数"，最后单击【完成】按钮。

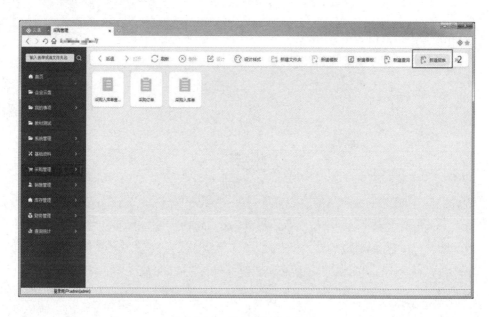

图 11-10 [采购管理]选项卡

图 11-11 报表表单样式

图 11-12　定义基本信息

（4）如图 11-13 所示，定义【查询】按钮。选择按钮所在单元格，单击【定义基本信息】按钮，弹出[数据项设置]对话框，默认直接单击【下一步】按钮，最后单击【完成】按钮。

图 11-13　定义【查询】按钮

（5）如图 11-14 所示，定义明细表。本例中，明细表的标题在左侧，所以，选择"左侧标题"。由于[月份]只有 12 个月，因此可以不用勾选[数据区域可向右扩展]复选框，同时，这里不涉及[数据区域可向下扩展]，所以不选择。默认继续单击【下一步】按钮。

图 11-14　定义明细表

（6）如图 11-15 所示，修改[月份]的数据类型为"整数"，修改[采购金额]的数据类型为"小数"，最后单击【完成】按钮。

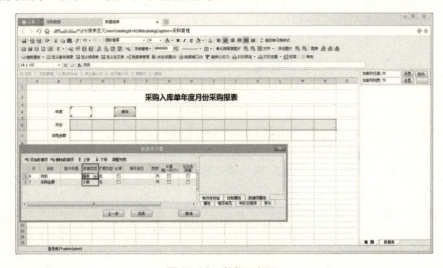

图 11-15　数据项设置

（7）如图 11-16 所示，回到模板设计界面，单击【填表公式】按钮。

图 11-16 填表公式

（8）弹出[填表公式管理]对话框，单击"单元格按钮单击"事件，单击【添加数据项】按钮。在弹出的[数据项选择]对话框中选择[查询]数据项，单击【确定】按钮（见图 11-17）。

图 11-17 添加数据项

（9）当【查询】单元格按钮被单击时，触发接下来要设置的公式。

（10）如图 11-18 所示，选择[单元格按钮单击事件]，单击【添加公式】按钮。在弹出的[请选择操作]对话框中双击选择[赋值]公式。

图 11-18 [赋值]公式

（11）如图 11-19 所示，回到[填表公式管理]对话框，更改公式名称，数据源选择[模板数据接口]。

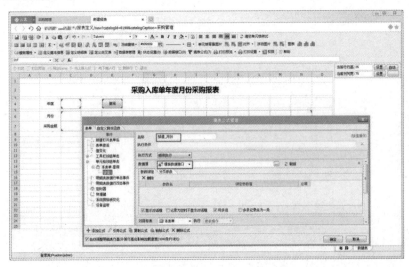

图 11-19 [填表公式管理]对话框

（12）如图 11-20 所示，单击数据源右侧的【...】按钮，弹出[选择数据接口]对话框，在全局的[列表选择]选项卡中双击选择系统预设数据接口[序号列表]。

图 11-20 [选择数据接口]对话框

（13）如图 11-21 所示，将数据源"序号列表"的参数"开始序号"绑定"1"

图 11-21 数据源序号列表

参数值，"结束序号"绑定"12"参数值，然后勾选[必填]复选框。并对明细表进行插入数据的操作，同时，勾选[插入前删除所有行]复选框，"月份"的赋值表达式设为数据源的序号，即上面所设置的"开始序号"和"结束序号"为1～12。

（14）数据接口"序号列表"有两个参数：开始序号和结束序号。绑定了参数值后，会自动返回开始序号到结束序号的整数值（见图11-22）。

图11-22 [模板属性]对话框

（15）单击【确定】按钮，回到模板设计界面，选择【保存】。

（16）如图11-22所示，弹出[模板属性]对话框，填写"模板编号""模板名称"，然后单击【确定】按钮。

（17）如图11-23所示，[采购管理]文件夹中多了一个名为"采购入库单年度月份采购报表"的图标。

（18）双击"采购入库单年度月份采购报表"图标后，进入表单，单击【查询】按钮，"月份"就会返回1～12的序号（见图11-24）。

（19）接下来，要实现在输入"年份"后单击【查询】按钮，[采购金额]根据对应的"月份"返回相应值的功能，需要设计数据接口"月份采购统计"。

（20）如图11-25所示，进入[采购入库单]模板设计界面后，新建一个公有的列表选择数据接口。

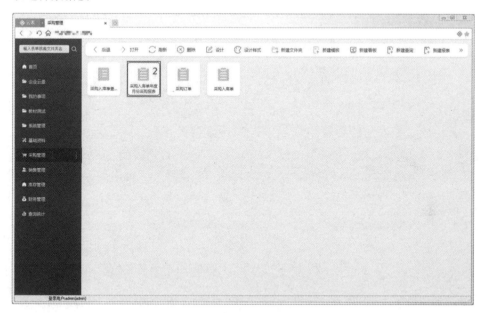

图 11-23　采购入库单年度月份采购报表

图 11-24　报表查询

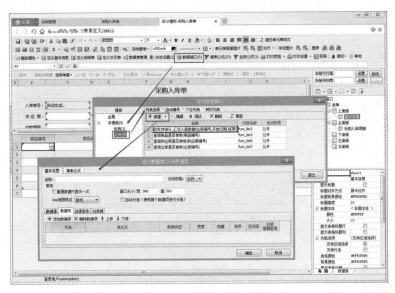

图 11-25　列表选择数据接口

（21）如图 11-26 所示，弹出[设计数据接口-列表选择]对话框，选择[基本设置]标签页，输入该数据接口的名称，数据源默认，回到[数据列]选项卡，单击【添加数据项】按钮，添加"入库日期"的"月份""合计金额"，修改列名及数据类型。

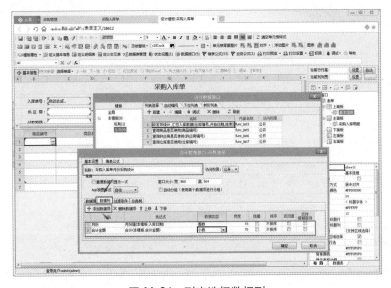

图 11-26　列表选择数据列

（22）如图 11-27 所示，选择[过滤条件]选项卡，单击【添加参数】按钮，添加整数类型的"年度"作为参数，匹配本表单"入库日期"的年份值。

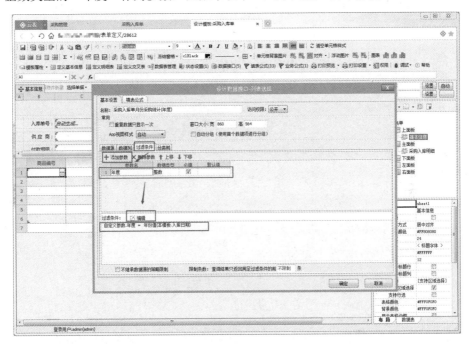

图 11-27　列表选择过滤条件

（23）单击【确定】按钮，回到模板设计界面，单击【保存】按钮。

（24）回到[采购入库单年度月份采购报表]模板设计界面，单击【填表公式】按钮，在弹出的[填表公式管理]对话框中选择【查询】按钮单击事件，单击【添加公式】按钮，添加[赋值]公式。修改公式名称，数据源选择[模板数据接口]，并找到刚刚建立的数据接口，然后绑定本表单的"年度"，对本表单的明细进行更新操作，匹配本表单明细的"月份"和数据源的"月份"后，把"采购金额"赋值给数据源的"合计金额"（见图 11-28）。

（25）单击【确认】按钮，回到模板设计界面，单击【保存】按钮。

（26）如图 11-29 所示，输入"年度"后，单击【查询】按钮，"月份"及"采购金额"行就会自动获取数据。这时可以添加一个图表统计，图表可以更直观地显示数据结果。

（27）如图 11-30 所示，回到模板设计界面，单击【添加图表】按钮。

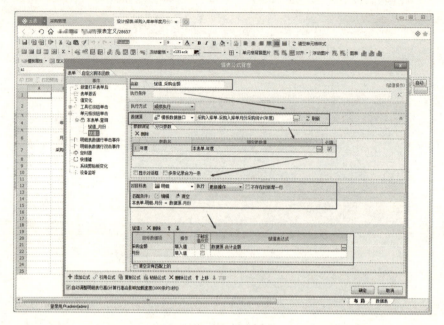

图 11-28　填表公式管理

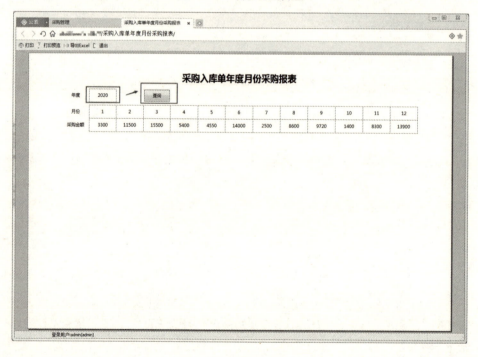

图 11-29　查询报表数据

图 11-30 添加图表

（28）弹出[创建图例向导]对话框，选择柱形图（见图 11-31）。

图 11-31 创建图例向导

（29）单击【下一步】按钮，数据表选择明细，选中"采购金额"，系列标题为横轴，所以设为"月份"（见图 11-32）。

（30）单击【高级设置】按钮。由于图表的标题不能为数值类型，因此，要将"年份"转为文本类型，给"图表标题"赋值"文本+本表单年度"，最后单击【完成】按钮（见图 11-33）。

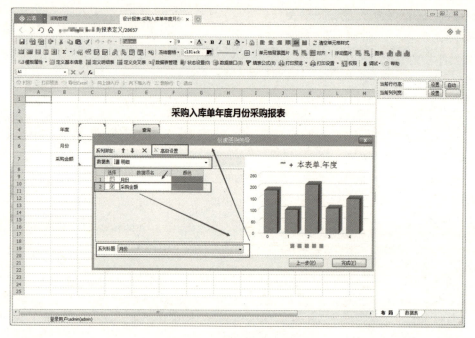

图 11-32　报表的采购金额设置

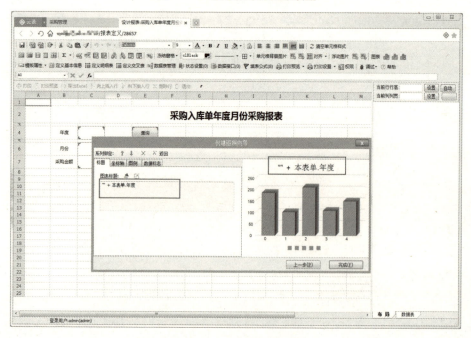

图 11-33　报表的年份设置

（31）结合界面的美观性，对表单模板进行拖曳、微调，单击【保存】按钮（见图 11-34 和图 11-35）。

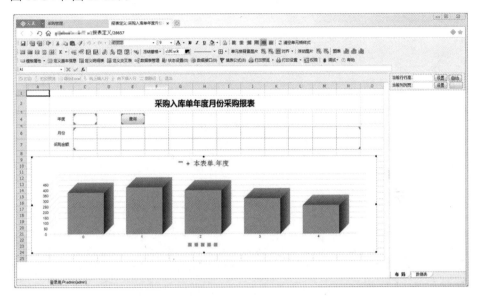

图 11-34　报表样式

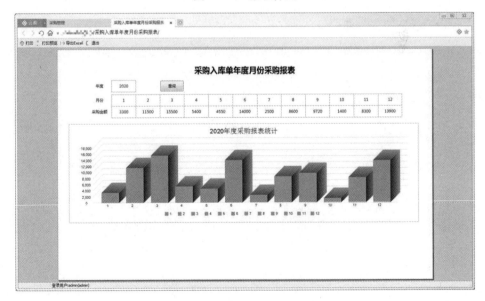

图 11-35　报表数据

11.3
查询与报表的表单不保存到数据库

本章提到的两种模板（查询模板、报表模板）与普通模板的区别是，没有"不保存表单到数据库"选项，即数据自动默认不保存到数据库中。

普通模板[采购入库单]的[模板属性]对话框如图 11-36 所示。

图 11-36　[模板属性]对话框

因此，无论双击[采购管理]选项卡中的"采购入库单查询统计"，还是"采购入库单年度月份采购报表"的图标后，打开的都不是总表，而是直接进入表单。

　　若需要将操作后的数据保存到数据库中，直接新建普通模板进行设计，一样可以实现查询统计或者报表统计的功能。

思考与练习

1. 按照本章所学查询统计设计方法，设计销售订单查询统计。
2. 设计销售出库单的年度月份销售报表。

第 12 章

移动端配置

12

12.1

移动端概述

企业通过手机 App 进行移动办公已经成为刚需，云表也提供了这个功能。用云表设计手机 App，不需要二次开发，只要 PC 端设计好管理系统，就可以一键自动生成手机 App，让系统可以很方便地在移动端运行。

云表移动端分为云表 App 和云表 PDA 端。在 PC 端设计好模板后，可直接在移动端呈现对应的效果。由于移动端界面比 PC 端界面小很多，手机运行内存也有限，因此，移动端仅支持查询和填报，不支持设计。

（1）云表 App 的特点如下。

① 云表 App 支持安卓和 iOS 系统。

② 一键生成。普通模板在模板属性中勾选"支持移动端"复选框后，即可在 App 上运行。

③ 多系统多应用一键查看。只要系统给用户开放权限，用户登录系统后，即可看到所有已开放权限的系统，非常方便。

④ 纯内网 App，无外网也可使用。

云表 App 分为普通云表 App 和纯内网使用 App，普通云表 App 可直接在官网上下载。纯内网使用 App，即 App 也不能连接外网。

（2）在云表 PDA 端上使用时需要登录系统的地址及系统的账号和密码。云表 PDA 端的介绍本书略过，请参见云表官网。

12.2
下载与安装

安卓版可直接在手机应用商店中搜索"云表",苹果版可直接在 App Store 中搜索"云表"。

手机下载后可直接安装。安装后云表手机端登录画面如图 12-1 所示。如果还未注册云表账号,请先注册,然后用云表账号登录。注意,云表账号不等于云表应用系统账号,每个使用 App 的用户都需要注册自己的云表账号,然后用云表账号登录。

图 12-1 云表手机端登录画面

12.3

移动端使用说明

1. 服务器网络设置

移动端服务器网络设置共分为如下 3 步。

第一步：填写本地服务器的外部访问地址。

第二步：在云表系统中添加用户。

第三步：在模板勾选[支持移动端]复选框。

具体的实现步骤如下。

（1）假设应用系统的 PC 端模板已经全部设计好。

（2）在云表官网登录云表会员账号，找到对应的本地服务器。

（3）进入页面，在其他设置中修改云表服务器外部访问地址。服务器为内网地址时，访问地址为 http://内网 IP:端口号（端口号默认为 88），如 http://192.168.1.74:88。服务器为外网地址时，外部访问地址为 http://外网地址:端口号（见图 12-2）。

图 12-2　外网设置

（4）创建系统用户，在 PC 端登录云表系统，创建用户。用户通过手机号码绑定云表会员账号，如图 12-3 所示。

（5）在移动端使用的模板中勾选[支持移动端]复选框，然后保存模板（见图 12-4）。

图 12-3　创建用户　　　　　　　　图 12-4　模板属性设置

（6）在手机 App 上使用云表账号和密码登录即可访问了。

2. 在移动端进入应用空间

操作步骤如下：

（1）打开云表 App（见图 12-5）。

图 12-5　登录 App

（2）找到对应的应用（见图 12-6）。

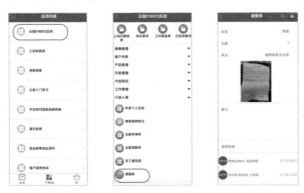

图 12-6　进入页面

思考与练习

体验进销存系统在手机端的运行。

附录 A

云表的无限连接能力

连接产生价值是互联网时代的核心思维。在第 1 章介绍云表的优势时，主要介绍了两种，一是可以快速开发轻便的部门级应用，相信大家通过前面几章的学习已经深有体会；二是可以高度集成企业内部的已有业务系统，使原先各自独立的数据联通。

这就是说，云表与其他外部设备之间的连接能力同样卓尔不凡。云表平台经过十多年的发展，目前已经初步构建了一个无缝集成数据及包括人工智能、大数据和物联网在内的各种创新技术的开发生态系统。下面介绍云表在此方面的表现，令大家对云表有一个更全面的了解。

国内企业在信息化进程中，陆陆续续购买或开发了各种管理系统，但令人头痛的是，这些系统之间的数据往往是相互封闭的，因此，给企业带来了成本的增加和运行的不便。用云表可以实现这些已经存在的各系统之间的数据互通。云表连接其他管理系统有下面两种方式。

一种是通过外部数据源，直接通过外部数据源与其他应用系统的数据库进行读写操作。例如，公司现有的某进销存系统缺少某些统计报表，可以用云表来连接这个进销存系统的数据库，读取数据后进行分析统计与报表展示。

另一种是通过 API（应用程序接口），这需要对方系统也能够提供 API。

这两种方式让云表解决了信息孤岛问题，让原有管理系统焕发生机，并与自主开发的信息系统无缝集成。

大数据时代，离不开数据分析。作为数据分析的多面手，中国首个中文搜索式数据分析系统 DataFocus 被称为下一代 BI（商务智能）产品。DataFocus 不仅拥有传统商业智能系统所具备的全部功能，还可以针对较高维度的大数据集展开分析，通过灵活的搜索分析功能，解决大多数高频的数据分析需求，搜索式分析大大降低了数据分析的门槛。云表与 DataFocus 的结合，可谓水乳交融、相得益彰。在云表中输出的业务数据，可以直接在 DataFocus 上进行自动分析并生成统计报表，从而更好地为企业提供数据洞察和商业赋能。

云表与 DataFocus 的密切配合，运用搜索分析快速创建图表，通过模板复用或设计师开发，最快 7 分钟即可轻松创建可视化数据大屏；连接企业数据库或上传数据表，使用 AI 辅助的搜索分析能力，快速打造适用于覆盖各业务部门的数据报表体系，快速构建自助 BI 分析平台；DataFocus 的 AI 搜索分析能力可嵌入公司的各种业务系统之中，获得深入业务一线的感知能力；DataFocus 不需要通过 SQL 语句或拖拽进行图表搭建，只需要通过类自然语言搜索的方式就可以快速上手，有业务经验的管理精英，自己动手即可迅速打造各种数据模型。

云表本身已是利器，与可视化数据分析平台的融合，更是强强联手，其应用领域不断拓展。

物联网这个万物相连的大网，在互联网基础上延伸和扩展，将各种信息传感设备与网络结合起来形成一个巨大网络，其用户端扩展到了任何物品与物品之间，进行信息交换和通信。射频识别、红外感应器、全球定位系统、激光扫描器等信息传感设备，已经越来越多地进入各种场所，帮助人类实现对物品的智能化识别、定位、跟踪、监控和管理。随着物联网的发展，企业管理实践中更多嵌入了智能考勤、车牌识别、车/货位识别、车辆定位、发票识别、重量识别、空气检测、人体感应、身份识别、液位识别等功能。云表接收来自物联网的数据，与各类管理系统浑然一体，各位读者请展开你的想象空间，思考一下云表能帮你做些什么。

目前，云表和智能硬件设备，如考勤机、PDA、电子秤、身份证读卡器、高拍仪等，已经可以完美对接，这令云表开发的管理系统的触角更加无限延伸。

下面以高拍仪为例，初步了解云表与物联网硬件的连接方法。

1. 安装程序

（1）联系云表官方客服，获取高拍仪小程序的最新压缩包。

（2）解压后进入驱动文件夹，安装驱动程序 eloamCom_2.2.exe。

2. 获取授权

获取授权是为了让云表顺利识别并接受高拍仪上传的数据，共分为 3 步：获取高拍仪的机器指纹，云表客服制作设备授权码文件，导入授权码文件。

说明：①每台设备的机器指纹是唯一的，授权码也是一机一码；②导出的机器指纹的文件名可随意命名；③导入授权码文件后，需要重新启动程序，会有服务启动成功提示。

3. 云表配置

（1）打开云表浏览器，进入模板设计模式，单击【填表公式】，选中[设备监听]，如图 A-1 所示，进入[设备监听]配置页。

（2）单击下方的【添加系统设备监听器】按钮，查看需要添加的设备品类是否在列表中，如图 A-2 所示。如果高拍仪没有在列表中，则单击【取消】按钮，重新单击【添加设备监听器】按钮（见图 A-3）。

图 A-1　[设备监听]配置页

图 A-2　[添加系统设备监听]对话框

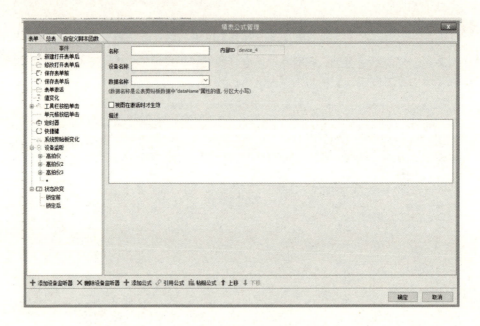

图 A-3　添加设备配置页

（3）填写添加设备监听器参数，第一步添加名称属性，第二步添加公式。

① 添加名称属性：名称可以随意输入，如"高拍仪"。

设备名称：com.device.Photographic（不可更改）。

数据名称：数据名称共有 3 种，分别为照片、条码、PDF。可根据需求进行选择，例如，若想获取"图片"，数据名称选择"照片"；若想获取"扫码结果"，数据名称选择"条码"；若想获取"PDF"，数据名称选择"PDF"，如图 A-4 所示。

② 添加公式：单击如图 A-4 中所示的【添加公式】按钮，弹出对话框[请选择操作]。当名称属性中选择数据名称为"照片"或"条码"时，此处选择添加[赋值]；当数据名称为"PDF"时，选择[添加附件]。

在赋值表格中目标数据项根据实际需要设置，赋值表达式内容根据数据名称进行赋值，当数据名称为"照片"时，该项赋值表达式为"数据源.Image"（见图 A-5，设备赋值配置页）；当数据名称为"条码"时，该项赋值表达式为"数据源.内容"；当数据名称为"PDF"时，该项表达式为"数据源.PDF"。

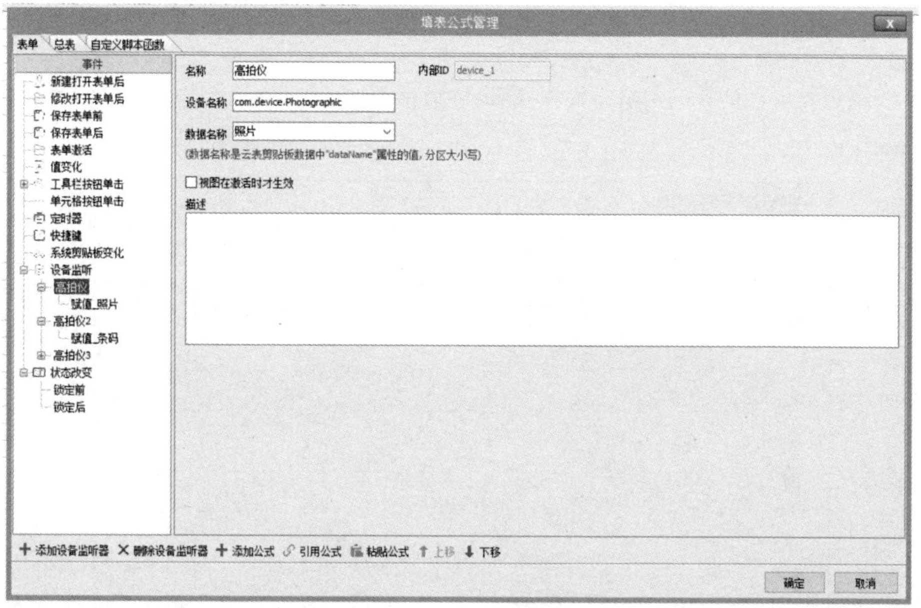

图 A-4 设备配置页

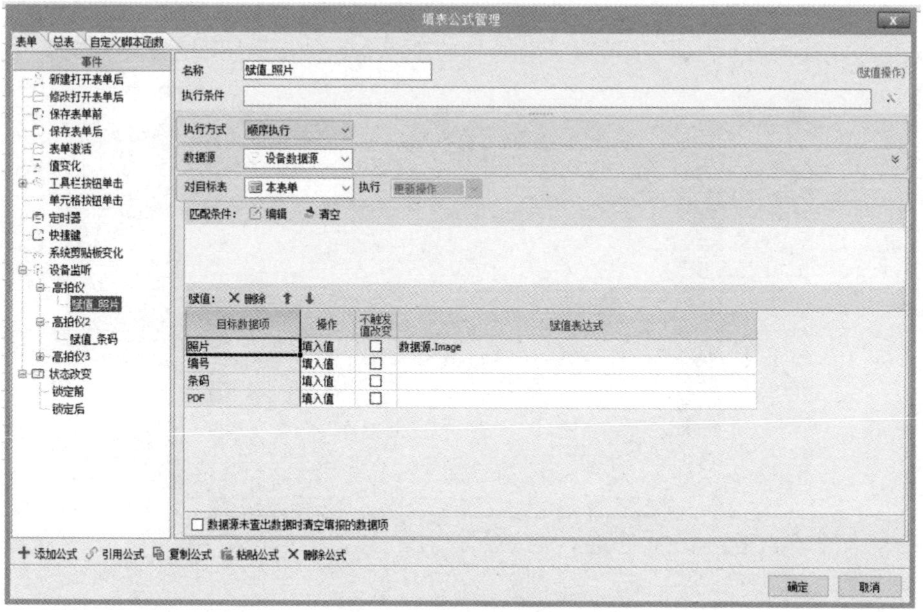

图 A-5 设备赋值配置页

4. 高拍仪的应用

新建表单，打开高拍仪小程序（Photographic.exe 文件），出现如图 A-6 所示的高拍仪小程序界面，单击【打开设备】按钮，即可打开高拍仪的操作界面。

图 A-6　高拍仪小程序界面

单击【拍照】按钮，即可将高拍仪拍的照片上传到云表中，如图 A-7 所示。

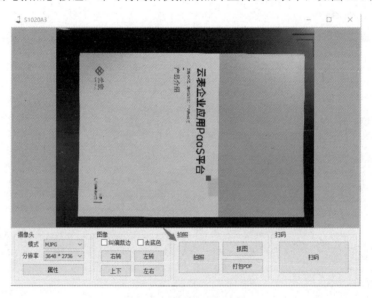

图 A-7　高拍仪操作界面

如需要扫描二维码，则单击【扫码】按钮，即可对二维码、条形码进行扫描后赋值到云表中，如图 A-8 所示。

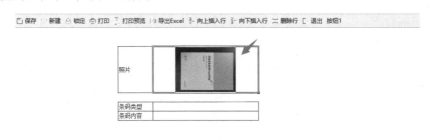

图 A-8　扫码显示演示页面

5. 授权迁移

若想更换计算机，需要使用授权迁移功能，如将计算机 A 的授权迁移到计算机 B，实现步骤如下。

（1）在计算机 B 上安装该程序，安装后并打开程序，使用程序左上角的导出机器指纹，将获取到的机器指纹提交给云表工作人员，获取授权迁移文件。

（2）在已授权的计算机 A 上打开程序，在计算机 A 右下角图标中找到程序，单击鼠标右键，在弹出的快捷菜单中选择[授权迁移]命令，如图 A-9 所示。

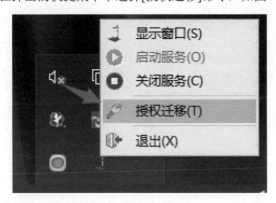

图 A-9　选择[授权迁移]命令

（3）在弹出的对话框中选择从云表工作人员处获取到的授权迁移文件，将授权迁移文件导入，如图 A-10 所示。

图 A-10　导入授权迁移文件页面

（4）在导入授权迁移文件后，会马上弹出文件保存框，选择导出授权证书存放位置并命名，即可导出授权证书。

（5）将在计算机 A 上获取的授权证书导入计算机 B，导入成功后退出重启，则迁移成功，即可在计算机 B 上使用该程序。迁移后，计算机 A 将无法使用该程序。

附录 B
云表中的常用函数介绍

　　前面已经学习了云表的三大利器，数据接口、填表公式、业务公式的基本运用，分别可以实现筛选传送数据、智能填写表单以及实现一定的业务逻辑。但是，一个完整的管理系统离不开查询统计和分析的功能，建立查询统计和报表统计最大的作用，就是方便数据的查看。

　　本章通过采购入库单的采购数量统计，来学习查询统计的实现，通过采购入库单月份采购报表，学习柱状图统计。

B.1 日期和时间函数类

（1）**NOW**　　NOW( )　　用途：返回当前日期和时间所对应的序列号。返回值类型：日期和时间。示例：NOW( )=2014-8-1 9:50。

（2）**TODAY**　　TODAY( )　　　用途：返回系统当前日期的序列号。返回值类型：日期。示例：TODAY( )=2014/8/1。

（3）**年份值**　　年份值(<日期值>)　　　用途：返回指定日期对应的年份值。返回值类型：整数。示例：年份值(2014-2-3) =2014。

（4）**月份值**　　月份值(<日期值>)　　　用途：返回指定日期对应的月份值。返回值类型：整数。示例：月份值(2014-2-3) =2 。

（5）**日期值**　　日期值(<日期值>)　　　用途：返回指定日期对应的日期值。返回值类型：整数。示例：日期值(2014-2-3) =3。

（6）**季度值**　　季度值(<日期值>)　　　用途：返回指定日期的季度值。返回值类型：整数，1、2、3、4 表示四个季度。示例：季度值(2004-3-5) =1。

（7）**星期值**　　星期值(<日期值>,<返回类型>) 用途：返回指定日期的星期值；返回类型参数值为 0 表示返回 0～6，为 1 表示 1～7。 返回值类型：整数。示例：星期值(2012-10-21,0) =6。

（8）**星期**　星期(<日期值>) 用途：返回指定日期对应的星期几字符。返回值类型：字符串。示例：星期(2014-2-3) ="星期三"。

（9）**月初值**　　月初值(<年份值>,<月份值>)　　　用途：返回指定年份与月份对应的月初值。返回值类型：日期。示例：月初值(2010,10) =2010-10-01。

（10）**月末值**　　月末值(<年份值>,<月份值>)　　　用途：返回指定年份与月份的月末值。返回值类型：日期。示例：月末值(2010,10) =2010-10-31。

（11）**季初值**　　季初值(<年份值>,<月份值>)　　　用途：返回指定年份与月份对应的季初值。返回值类型：日期。示例：季初值(2010,10) =2010-10-01。

（12）**季末值**　　季末值(<年份值>,<月份值>)　　　用途：返回指定年份与月份对应的季末值。返回值类型：日期。示例：季末值(2010,10) =2010-12-31。

（13）**年初值**　　年初值(<年份值>)　　　用途：返回指定年份的年初值。返回值类型：日期。示例：年初值(2010) =2010-01-01。

（14）**年末值**　　年末值(<年份值>)　　　用途：返回指定年份的年末值。返回值类型：日期。示例：年末值(2010) =2010-12-31。

（15）日期加减　　日期加减(<时间单位>,<加减数>,<日期时间>)　　用途：返回对指定日期加减年份(月份,天数)后的日期值。时间单位："yy","mm","dd" 分别表示对年份、月份、天进行加减。返回值类型：日期。示例：日期加减("yy",-1,2004-10-1)=2003-10-1，日期加减("dd",-1,2004-10-1) = 2004-09-30。

（16）日期间隔　　日期间隔(<间隔单位>,<起始日期>,<终止日期>)　　用途：返回日期间隔值(年数,月数,天数,小时数,分钟数,秒数)。间隔类型："yy","MM","dd","hh","mm","ss"分别代表年数、月数、天数、小时数、分钟数、秒数间隔。返回值类型：整数。示例：日期间隔("yy",2003-1-1,2004-1-1) = 1，日期间隔("MM",2003-1-1,2004-1-1) = 12，日期间隔("dd",2003-1-1,2004-1-1) = 365。

（17）日期　　日期(<年>,<月>,<日>)　　用途：构建指定年份、月份、天对应的日期。返回值类型：日期。示例：日期(2012,10,1) =2012-10-1。

（18）时间　　时间(<时>,<分>,<秒>)　　用途：构建指定时、分、秒对应的时间。返回值类型：时间。示例：时间(15,3,1) =15:3:1。

（19）GetTickCount　　GetTickCount( )　　用途：用于获取自 Windows 启动以来经历的时间长度（毫秒）。示例：GetTickCount( ) =19111141。

（20）时间戳　　时间戳(<时间戳>)　　用途：构建指定年月日时分秒及毫秒。返回值类型：时间戳。示例：时间戳(2020,3,26,16,55,23,0) = "2020/3/26 16:55:23"。

（21）StartOfTheWeek　　StartOfTheWeek(<时间戳>,<是否周天开始>)。

用途：返回当前日期当周第一天。返回值类型：日期。

示例：StartOfTheWeek(时间戳("2020/3/26 16:55:23"),True)="2020/3/22"。

（22）EndOfTheWeek　　EndOfTheWeek(<时间戳>,<是否周天开始>)　　用途：返回指定日期时间值的那一周的最后一天最后一秒的日期时间值。返回值类型：日期时间。示例：EndOfTheWeek(时间戳("2020/3/26 16:55:23"),True)="2020/3/28 23:59:59"。

（23）EndOfAWeek　EndOfAWeek(<年>,<第几周>,<第几天>)　　用途：返回指定年、那年第多少周、那周第几天的最后一秒的日期时间值。返回值类型：日期时间。示例：EndOfAWeek(2020,3,2)="2020/3/28 23:59:59"。

（24）StartOfAWeek　　StartOfAWeek(<年>,<第几周>,<第几天>)　　用途：返回指定年、那年第多少周、第几天开始的日期时间值。返回值类型：日期时间。

示例：StartOfAWeek(2020,3,2)="2020/1/14"。

（25）**EndOfTheWeek**　EndOfTheWeek(<时间戳>,True)　用途：返回指定日期时间值的那一周的最后一天最后一秒的日期时间值。返回值类型：日期时间。示例：EndOfTheWeek(时间戳("2020/3/26 16:55:23"),True)="2020/3/28 23:59:59"。

（26）**StartOfTheDay**　StartOfTheDay(<时间戳>)　用途：返回指定日期时间值那天开始的日期时间值。返回值类型：日期时间。示例：StartOfTheDay(时间戳("2020/3/26 16:55:23"))="2020/3/26"。

（27）**EndOfTheDay**　EndOfTheDay(<时间戳>)　用途：返回指定日期时间值的那一天最后一秒的日期时间值。返回值类型：日期时间。示例：EndOfTheDay(时间戳("2020/3/26 16:55:23"))="2020/3/26 23:59:59"。

（28）**StartOfADay**　StartOfADay(<年>,<第几天>)　用途：返回指定那天开始的日期时间值。返回值类型：日期。示例：StartOfADay(2020,3)="2020/1/3"。

（29）**EndOfADay**　EndOfADay(<年>,<第几天>)　用途：返回指定年、那年第多少天的最后一秒的日期时间值。返回值类型：日期时间。示例：EndOfADay(2020,3)="2020/1/3 23:59:59"。

（30）**WeekOfTheYear**　WeekOfTheYear(<时间戳>)　用途：返回指定日期时间值是某年的第多少周。返回值类型：数值。示例：WeekOfTheYear(时间戳("2020/3/26 16:55:23"))="13"。

（31）**DayOfTheYear**　DayOfTheYear(<时间戳>)　用途：返回一个日期时间值是那年的第多少天。返回值类型：数值。示例：DayOfTheYear(时间戳("2020/3/26 16:55:23"))="86"。

（32）**HourOfTheYear**　HourOfTheYear(<时间戳>)　用途：返回从指定日期时间值中那一年第一天0点到指定日期的那个小时已经度过的小时数。返回值类型：数值。示例：HourOfTheYear(时间戳("2020/3/26 16:55:23"))="2056"。

（33）**MinuteOfTheYear**　MinuteOfTheYear(<时间戳>)　用途：返回指定日期时间值的那年1月1日0时0分开始到指定时间的分钟数。返回值类型：数值。示例：MinuteOfTheYear(时间戳("2020/3/26 16:55:23"))="123415"。

（34）**SecondOfTheYear**　SecondOfTheYear(<时间戳>)　用途：返回从指定日期时间值那年的1月1日0时0分0秒到指定时间的秒数。返回值类型：数值。示例：SecondOfTheYear(时间戳("2020/3/26 16:55:23"))="7404923"。

（35）**MilliSecondOfTheYear**　MilliSecondOfTheYear(<时间戳>)　　用途：返回指定日期时间值的那年 1 月 1 日 0 时 0 分 0 秒 0 毫秒至其指定时间的毫秒数。返回值类型：数值。示例：MilliSecondOfTheYear(时间戳("2020/3/26 16:55:23.221"))="7404923221"。

（36）**WeekOfTheMonth**　WeekOfTheMonth(<时间戳>)　　用途：返回指定日期时间值是某月的第几周。返回值类型：数值。示例：WeekOfTheMonth(时间戳("2020/3/26 16:55:23"))="4"。

（37）**HourOfTheMonth**　HourOfTheMonth(<时间戳>)　　用途：返回从指定日期时间值的那个月的第一天 0 点到指定日期的小时已经度过的小时数。返回值类型：数值。示例：HourOfTheMonth(时间戳("2020/3/26 16:55:23"))="616"。

（38）**MinuteOfTheMonth**　MinuteOfTheMonth(时间戳(" "))　　用途：返回指定日期时间值的那个月 1 日 0 时 0 分开始到指定时间的分钟数。返回值类型：数值。示例：MinuteOfTheMonth(时间戳("2020/3/26 16:55:23"))="37015"。

（39）**SecondOfTheMonth**　SecondOfTheMonth(时间戳(" "))　　用途：返回从指定日期时间值的那个月 1 日 0 时 0 分 0 秒到指定时间的秒数。返回值类型：数值。示例：SecondOfTheMonth(时间戳("2020/3/26 16:55:23"))="2220923"。

（40）**MilliSecondOfTheMonth**　MilliSecondOfTheMonth(<时间戳>)　用途：返回指定日期时间值的那个月 1 日分钟 0 秒 0 毫秒开始到指定时间的毫秒数。返回值类型：数值。示例：MilliSecondOfTheMonth(时间戳("2020/3/26 16:55:23.221"))="2220923221"。

（41）**HourOfTheWeek**　HourOfTheWeek (<时间戳>)　　用途：返回从指定日期时间值中那一周星期一 0 点到指定日期的那个小时已经度过的小时数。返回值类型：数值。示例：HourOfTheWeek(时间戳("2020/3/26 16:55:23"))="88"。

（42）**MinuteOfTheWeek**　MinuteOfTheWeek (<时间戳>)　　用途：返回指定日期时间值的那周星期一 0 时 0 分开始到指定时间的分钟数。返回值类型：数值。示例：MinuteOfTheWeek(时间戳("2020/3/26 16:55:23"))="5335"。

（43）**SecondOfTheWeek**　SecondOfTheWeek(<时间戳>)　　用途：返回从指定日期时间值所在周的星期一 0 时 0 分 0 秒到指定时间的秒数。返回值类型：数值。示例：SecondOfTheWeek(时间戳("2020/3/26 16:55:23"))="320123"。

（44）**MilliSecondOfTheWeek**　　MilliSecondOfTheWeek(<时间戳>)　用

途：返回指定日期时间值的那周星期一 0 时 0 分 0 秒 0 毫秒到指定时间的毫秒数。
返回值类型：数值。示例：MilliSecondOfTheWeek(时间戳("2020/3/26 16:55:23.221"))=
"320123221"。

（45）**HourOfTheDay** HourOfTheDay(<时间戳>) 用途：返回指定日期时间
值的小时部分。返回值类型：数值。示例：HourOfTheDay(时间戳("2020/3/26
16:55:23"))="16"。

（46）**MinuteOfTheDay** MinuteOfTheDay(<时间戳>) 用途：返回指定日期时
间值的那天 0 时 0 分开始到指定时间的分钟数。返回值类型：数值。示例：
MinuteOfTheDay(时间戳("2020/3/26 16:55:23"))="1015"。

（47）**SecondOfTheDay** SecondOfTheDay(<时间戳>) 用途：返回从指定日期
时间值那天 0 时 0 分 0 秒到指定时间的秒数。返回值类型：数值。示例：
SecondOfTheDay(时间戳("2020/3/26 16:55:23"))="60923"。

（48）**MilliSecondOfTheDay** MilliSecondOfTheDay(<时间戳>) 用途：返
回指定日期时间值的那天 0 时 0 分 0 秒 0 毫秒开始到指定时间的毫秒数值。返回值
类型：数值。示例：MilliSecondOfTheDay(时间戳("2020/3/26 16:55:23.221"))=
"60923221"。

（49）**MinuteOfTheHour** MinuteOfTheHour(<时间戳>) 用途：返回指
定日期时间值的分钟部分。返回值类型：数值。示例：MinuteOfTheHour(时间戳
("2020/3/26 16:55:23"))="55"。

（50）**SecondOfTheHour** SecondOfTheHour(<时间戳>) 用途：返回指
定时间的秒数。返回值类型：数值。示例：SecondOfTheHour(时间戳("2020/3/26
16:55:23"))="3323"。

（51）**MilliSecondOfTheHour** MilliSecondOfTheHour(<时间戳>) 用途：返
回指定日期时间值的那一小时 0 分 0 秒 0 毫秒开始到指定时间的毫秒数。返回值类
型：数值。示例：MilliSecondOfTheHour(时间戳("2020/3/26 16:55:23"))="3323"。

（52）**SecondOfTheMinute** SecondOfTheMinute(<时间戳>) 用途：返回指
定日期时间值的那一分钟 0 秒 0 毫秒开始到指定时间的秒数。返回值类型：数值。
示例：SecondOfTheMinute(时间戳("2020/3/26 16:55:23"))="23"。

（53）**MilliSecondOfTheMinute** MilliSecondOfTheMinute(<时间戳>) 用
途：返回指定日期时间值的那一分钟 0 秒 0 毫秒开始到指定时间的毫秒数。返回值

类型：数值。示例：MilliSecondOfTheMinute(时间戳("2020/3/26 16:55:23.221"))="23221"。

（54）**MilliSecondOfTheSecond**　　MilliSecondOfTheSecond(<时间戳>)　用途：返回指定日期时间值的毫秒部分。返回值类型：数值。示例：MilliSecondOfTheSecond(时间戳("2020/3/26 16:55:23.211"))="221"。

B.2　字符串函数

（1）**取子串**(<文本>,<起始位置>,<截取长度>)　用途：此函数截取指定字符串的一部分。返回值类型：文本。示例：取子串("abcdefg",2,3) = "bcd"。

（2）**字符串长度**(<文本>)　用途：此函数返回指定字符串的长度。返回值类型：整数。示例：字符串长度("云表") = 2。

（3）**转大写**(<文本>)　用途：此函数将字符串中的小写字母转换成大写字母。返回值类型：文本。示例：转大写("eversheet") = "EVERSHEET"。

（4）**转小写**(<文本>)　用途：此函数将字符串中的大写字母转换成小写字母。返回值类型：文本。示例：转小写("EVERSHEET") = "eversheet"。

（5）**文本片段**(<文本>,<分隔符>,<序号>)　用途：此函数使用分隔符将指定文本串进行分割，并返回指定序号的子串，第一个子串序号为 1，以此类推。示例：文本片段("中国;美国;日本",";",1) = "中国"。

（6）**子串位置**(<子串>,<文本>)　用途：此函数返回取出子串在父串中第一次出现的位置，如果未出现，则返回 0。示例：子串位置("企业","云表企业浏览器") = "3"。

（7）**文本替换**(<文本>,<旧子串>,<新子串>)　用途：此函数返回一个新文本，把文本中出现的所有指定字符串都替换为另一个指定的字符串。示例：文本替换("云表是什么表","表","朵") = "云朵是什么朵"。

（8）**文本替换2**(<文本>,<旧子串>,<新子串>,<忽略大小写>,<全部替换>)　用途：此函数返回一个新文本，把文本中出现的所有指定字符串都替换为另一个指定的字符串。此函数相对于#文本替换#增加了参数：忽略大小写，全部替换，设计人员可以自定义替换规则。示例：文本替换2("云表是什么表","表","朵",True,True)= "云朵是什么表"。

（9）**取左子串**(<文本>,<字符个数>)　用途：此函数返回文本左边指定个数的文本。示例：取左子串("云表企业浏览器",2) = "云表"。

（10）**取右子串**(<文本>,<字符个数>)　用途：此函数返回文本右边指定个数的文本。示例：取右子串("云表企业浏览器",2) = "览器"。

（11）**文本反转**(<字符串>)　用途：返回指定字符串反转后的新字符串。返回值类型：字符串。示例：文本反转("ABCDEF")的返回值为"FEDCBA"。

（12）**FIND**(<要查找的字符串>,<被查找的字符串>,<开始位置>)　用途：FIND用于查找其他文本串(within_text)内的文本串(find_text)，并从 within_text 的首字符开始返回 find_text 的起始位置编号。此函数适用于双字节字符，它区分大小写但不允许使用通配符。示例：FIND("ab","goabcabd",5)=6。

B.3　常量函数

（1）　**常量.是**　　XX= 常量.是　　　示例：　审批=常量.是

（2）　**常量.否**　　XX=常量.否　　　示例：　审批=常量.否

（3）　**常量.空**　　XX=常量.空　　　示例：　审批=常量.空

（4）　**常量.换行符** xxxxxxx 常量.换行符　　　示例：　　常量.换行符

（5）　**网络类型常量.无网络**　　　　　无网络

B.4　数字函数

（1）**ABS**(<数值>) 用途：返回某一参数的绝对值。示例：ABS(-0.5)=0.5。

（2）**ROUND**(<数值>,<小数位数>) 用途：按指定位数四舍五入某个数字。示例：ROUND(3.141596,3)=3.142。

（3）**ROUNDDOWN**(<数值>,<小数位数>) 用途：按绝对值减小的方向舍入某一数字。示例：ROUNDDOWN(3.141596,3)=3.141。

（4）**ROUNDUP**(<数值>,<小数位数>) 用途：按绝对值增大的方向舍入一个数字。示例：ROUNDUP(3.141596,3)=3.142。

（5）**CEILING**(<数值>,<舍入基数>) 用途：将参数 Number 沿绝对值增大的方向，返回一个最接近的整数或基数 Significance 的最小倍数。示例：CEILING(3.141596,3)=6。

（6）**INT**(<数值>)　用途：将任意实数向下取整为最接近的整数。示例：INT(35.501)=35。

（7）**SQRT**(<数值>)　用途：返回某一正数的算术平方根。示例：SQRT(9)=3。

（8）**POWER**(<数值>,<幂>)　用途：返回给定数值的乘幂。示例：POWER(2,3)=8。

（9）**LOG10**(<数值>)　　用途：返回以 10 为底的对数。示例：LOG10(100)=2。

（10）**FIXED**(<数值>,<小数位数>,<无逗号分隔符>) 用途：按指定的小数位数四舍五入一个数，以小数格式设置后以文字串形式返回结果。示例：FIXED(20.3569,4,TRUE)=20.357。

（11）**SIGN**(<数值>) 用途：返回数字的符号。正数返回 1，零返回 0，负数返回-1。　示例：SIGN(-3)=-1。

（12）**STDEV**(<数值 1>,<数值 2>,…) 用途：估算样本的标准偏差。它反映了数值相对于平均值(Mean)的离散程度。示例：STDEV(1,3,5)=2。

（13）**求余数**(<被除数>，<除数>)　用途：一个数除以另一个数，不够除的部分就是余数，就是求余的结果。返回值类型：整数类型。示例：求余数(3,2) = 1。

B.5　集合函数

（1）**包含**(<集合 1>,<集合 2>)　　用途：逻辑判断集合 1 是否包含集合 2。返回值类型：是否型。示例：包含(集合 1,集合 2)。

（2）**属于**(<元素>,<集合>)　　用途：逻辑判断元素是否在集合中。返回值类型：是否型。示例：属于("中国",集合("美国","中国")=True；属于("韩国",集合("美国","中国")=False；属于(1,集合(3,1)= True。

（3）**集合相同**(<集合 1>,<集合 2>) 用途：逻辑判断集合 1 和集合 2 是否相同。返回值类型：是否型。概念：集合 1 与集合中的元素全部相同时，集合 1 相等于集合 2。示例：集合相同(集合(1,2)，集合(1,2))=True；集合相同(集合(1,2,3),集合(1,2))=False。

（4）**集合**(<元素 1>,<元素 2>,<元素 3>…)　　用途：通过传入变量参数构建成集合。返回值类型：集合类型。注意：集合类型只能在集合函数中使用：包含( )，交集( )，并集( )。示例：集合("四川","广东","北京")；集合(1,3,4)；集合(1,"四川",4)。

（5）**交集**(<集合 1>,<集合 2>,<集合 3>...)　　用途：返回指定集合的交集。返回值类型：集合类型。概念：以属于集合 A 且属于集合 B 的元素为元素的集合称为集合 A 与集合 B 的交集。示例：交集(集合(1,2),集合(2,3))=集合(2)；交集(集合(1,2),集合(2,3),集合(2,3,4))=集合(2)。

（6）**并集**(<集合 1>,<集合 2>,<集合 3>...)　　用途：返回指定集合的并集。返回值类型：集合类型。概念：集合 A 和集合 B 的并集是有所有集合 A 的元素或所有集合 B 的元素，而没有其他元素的集合。示例：集合(集合(1,2),集合(2,3))=集合(1,2,3)。

（7）文本转集合(<文本>,<分隔符>) 用途：把指定分隔符的文本中的元素转换为集合。返回值类型：集合类型。注意：文本不能直接与集合逻辑判断，需要转换成集合，只有通过包含()、集合相等()才能进行判断。示例：文本转集合("中国,美国,英国",",")=集合("中国","美国","英国")。

（8）集合转文本(<集合>,<分隔符>) 用途：根据分隔符转换集合中的元素为文本。返回值类型：文本。示例：集合转文本(集合("中国","美国","英国"),",") ="中国,美国,英国"；集合转文本(集合(1,2,3),";")="1;2;3"。

B.6　证件号码函数

（1）验证身份证号码(<文本>) 用途：验证身份证号码。

（2）身份证出生日期(<文本>) 用途：从身份证号码获取出生日期。返回值类型：日期。

（3）身份证性别(<文本>) 用途：从身份证号码获取性别。返回值类型：字符串。取值：男/女。

（4）验证统一社会信用代码(<文本>) 验证统一社会信用代码。

后　记

我接触云表，时间并不算长。2020 年年初，我带领学生准备参加大学生服务外包创新大赛，在网上浏览时发现了云表平台官网，立刻被云表会画表格就会编程的理念、方法吸引了。经过对云表平台一段时间的摸索，且自学官方教程视频、参加网络培训，发现云表入门其实很简单，真的特别适合懂业务的企事业管理层学习和掌握。无代码编程，对于学生群体来讲，也是非常值得掌握的一项技能。

众所周知，代码编程毕竟还是属于小众群体拥有的专长，工作场景中的普通管理层等，大多都被代码鸿沟挡在了门外。自己开发管理系统，多数人都是心有余而力不足的。好在目前低代码或无代码编程方式的出现，让这些人自主开发管理软件成为一种可能。技术的变革往往催生新的生产力，软件生产若能被更多的职场员工所掌握，可以想象全民数字化应用的时代就真的到来了。所以，作为计算机学院的老师，我很希望我的学生们能够尽快地了解这一新的软件生产方式。

后来，随着和云表平台的交流增加，自己也成了云表的编外辅导员，并陆续结识了本书编委，尤其是在本书幕后策划——场景学会创办人王甲佳先生的推动下，这才有了本书的起缘。

无论是对云表的熟练程度还是作品数量，本书其他编委的水平其实都在我之上，由于这些编委多是企事业的高管，身兼数职，事务繁忙，而我之前主编或参编过几本教材，所以主编的任务和名分最后落在了我的头上。感激、感动、有压力、有动力……总之书稿终于面世了，自己也有些百感交集。

您现在看到的这本书，就是我们眼里的 1.0 版本。首先，我们的经验是：学云表编程，别以看书为主！因为动态变化的平台操作，用文字来描述难免会挂一漏万，有时还会引起理解上的偏差。所以，对初次接触云表的学员，给您的建议是一定要先多看教学视频，那样会更生动、更直观。对照教学视频，再参考此书，作为学习的辅助工具，一般来讲都会事半功倍。

其次，学云表编程，还要多浏览官网，尤其多结合需求做练习，勇于尝试实际的应用开发。另外，多接触云表高手大咖，多参加当地的云表会，都是卓有成效的学习途径。

记得有人说过，拍电影是门遗憾的艺术。几次成书的经历，也令我想说，编书何尝不是如此，每每重读一遍书稿，总觉得不够完美。

在编写过程中，编委会的这些来自国内东西南北的云表资深开发者：肖永红、时伟、马迎财、马兰、马六九、郑应春、窦梦觉、易群利、罗小琴、彭海于等朋友，提供了宝贵的案例素材与意见，也付出了大量心血劳动；期间，德州学院 19 级软件工程专业学生孙琪淦、程影影、王纬林等十几位同学也协助老师做了很多工作。

为便于读者学习，编委会专门委托马迎财先生录制了教学视频，并申请了练习的网络资源。

本书参考了云表官网、云表 CEO 张军的讲话资料和部分网络资源，引用的资料和信息在标注上定有遗漏，在此向原作者深表歉意。对于书中的不足和错误之处，也恳请读者不吝赐教和批评指正，本书的修正更新再版工作也在同步进行，敬请期待。

在此再次感谢众编委的大力支持，感谢王甲佳老师的无私奉献，感谢乐图软件公司的密切配合，感谢电子工业出版社缪晓红女士的认真负责，感谢所有给予本书支持和帮助的人！

张学军

2021 年 8 月 31 日

反侵权盗版声明

电子工业出版社依法对本作品享有专有出版权。任何未经权利人书面许可，复制、销售或通过信息网络传播本作品的行为；歪曲、篡改、剽窃本作品的行为，均违反《中华人民共和国著作权法》，其行为人应承担相应的民事责任和行政责任，构成犯罪的，将被依法追究刑事责任。

为了维护市场秩序，保护权利人的合法权益，我社将依法查处和打击侵权盗版的单位和个人。欢迎社会各界人士积极举报侵权盗版行为，本社将奖励举报有功人员，并保证举报人的信息不被泄露。

举报电话：（010）88254396；（010）88258888

传　　真：（010）88254397

E-mail：　dbqq@phei.com.cn

通信地址：北京市万寿路 173 信箱

　　　　　电子工业出版社总编办公室

邮　　编：100036